Pauvres Pêcheurs!

Anny DAPREY

Éditions ART ET COMÉDIE
3, rue de Marivaux
75002 PARIS

DU MÊME AUTEUR

Une poussière dans l'moteur, Art & Comédie, 2014.

PERSONNAGES

Robert, homme de plus de 50 ans, marié depuis plus de 30 ans à Yvonne ; tenue et attirail de pêcheur.

Yvonne, femme de Robert, de plus de 50 ans.

Claire, leur fille, célibataire et autonome, qui vit chez eux provisoirement.

Josy, la meilleure amie de Claire, à la recherche de l'âme sœur ; plutôt sexy, sans être vulgaire.

Pierrot, ami et voisin du couple.

Monique, épouse de Pierrot, grande amie d'Yvonne.

Le plombier, appelé pour réparer la douche… au départ ; bleu de travail et sacoche avec outils.

DÉCOR

L'intérieur d'une pièce à vivre, avec table et chaises, un coin salon, un placard ou penderie. Porte d'entrée, fenêtre, porte des chambres, porte de la cuisine, porte des toilettes.

ACTE I

Yvonne est assise et feuillette nerveusement un magazine en soupirant. Robert entre, tenue et attirail de pêcheur.

YVONNE, *désagréable*. – Ah te voilà ! C'est pas trop tôt ! Alors, t'as pêché quoi ?

ROBERT. – Une vieille.

YVONNE. – C'est tout ??

ROBERT. – C'est mieux que rien !

YVONNE. – Elle est grosse au moins ?

ROBERT. – Non, d'ailleurs je l'ai relâchée, je sais que tu ne les manges pas, alors…

YVONNE. – Et alors, t'aurais pu la manger, toi !

ROBERT. – Oh tu sais, moi je me tape une vieille tous les jours déjà, alors j'ai ma dose.

YVONNE. – Ah qu'elle n'est pas originale celle-là ! T'es vraiment un goujat. T'as pas pris de bar ?

ROBERT, *agacé*. – Non, j'ai pris qu'une vieille, je t'ai dit ! Et en plus j'ai perdu un plomb.

YVONNE. – Ah bah bravo ! T'as plus qu'à prendre un rendez-vous chez le dentiste !

ROBERT. – Un plomb, que j'ai perdu ! Pas un plombage !

YVONNE. – Oui eh bien que ce soit l'un ou l'autre, peu importe, tu te débrouilles vraiment comme un gland !

ROBERT. – Je te remercie ! Très aimable. Comme d'habitude…

YVONNE. – Non mais c'est vrai ! Parti pendant 4 heures pour rien ramener, tu parles si c'est rentable !

ROBERT. – Je ne vais pas à la pêche seulement pour ramener du poisson.

YVONNE. – Ah bon ? C'est pour ramener quoi d'autre alors ? Des entrecôtes ?

ROBERT. – Non, c'est pour prendre l'air !! Si tu vois ce que je veux dire !!

YVONNE. – L'air, tu pourrais le prendre dans ton jardin ! Ça ferait pareil.

ROBERT. – Y'a pas le bruit de la mer dans le jardin. Même si tu es agitée et que tu fais de l'écume, ça m'procure pas les mêmes sensations du tout !

YVONNE. – Monsieur se croit drôle ! Bon, eh bien je n'ai plus qu'à me taire, comme d'habitude, et qu'à aller préparer à manger, encore comme d'habitude !

ROBERT. – Et qu'est-ce qu'on mange ?

YVONNE. – Du maquereau !

Elle claque la porte et sort côté cuisine.

ROBERT – Vipère… (*Il décroche le téléphone et compose un numéro.*) Allo? Salut Pierrot, ça va?... Ouais, bien, bien… Dis donc, je reviens de la pêche, là, si tu veux passer… Ah ben tu penses, j'ai pris 2 beaux bars! Si tu veux les manger avec Monique… Hein… Nan nan, je préfère te les donner, au moins je sais que ça te fait plaisir… Mais non Yvonne n'en sait rien, t'es fou toi? De toute façon elle a acheté du maquereau alors imagine!… Non mais t'as qu'à passer, je vais te les donner discrètement, ok?... Allez à tout de suite…

Entrée de Claire et son amie Josy par la porte d'entrée.

CLAIRE. – Entre Josy, ah tu es là papa!

ROBERT. – Ah Claire! Viens embrasser ton vieux papounet! (*Elle s'exécute les yeux au ciel.*) Bonjour Josy, ça va?

JOSY – Bof.

ROBERT. – Y'a longtemps qu'on t'a pas vue à la maison! Comment ça va tes amours? Ce gars, que t'avais rencontré sur… internet, c'est ça?

CLAIRE. – Euh, papa, c'est pas le moment…

ROBERT. – Comment il s'appelle déjà… Paul? Hein?

JOSY. – C'est fini depuis un mois.

ROBERT. – Oh ben mince alors, moi qui me voyait déjà invité au vin d'honneur pour boire un coup!

CLAIRE. – Papa…

ROBERT. – Bon, 1 de perdu, 10 de retrouvés, va… Qu'est-ce que tu lui as fait à ce pauvre garçon pour qu'il te laisse tomber?

JOSY. – Et qui vous dit que c'est lui qui m'a quittée? Ce « salotard »! Ah ça y est, Claire, ça recommence…

ROBERT. – De quoi « ça recommence »?

CLAIRE. – Bon, tu ne te moques pas, promis?

ROBERT – C'est pas le genre de la maison!

CLAIRE. – Josy a subi un traumatisme émotionnel à cause de sa rupture avec Paul. Elle recommence tout juste à ressortir de chez elle.

ROBERT. – Ah… Eh ben?

CLAIRE. – Depuis la séparation, elle ne peut plus faire de « p », le « p » de Paul. Enfin par moments, ça bloque. Ca ne sort pas…

ROBERT. – Comment ça, le pet ne sort pas? C'est nouveau ça! Tu sais que c'est mauvais pour la santé de retenir ses gaz, en plus!

JOSY. – Claire, dis-lui…

CLAIRE. – La lettre « p », papa!! Le « p » de Paul, elle ne peut plus prononcer son prénom, et sa bouche refuse de prononcer le « p » de tous les mots, c'est le choc qui a provoqué ça, c'est psychologique a dit le médecin, ça va revenir tout seul, mais il faut le temps. C'est le corps qui réagit à sa façon! Alors c'est le « t » qui sort au lieu du « p », c'est comme ça.

ROBERT, *légèrement moqueur*. – Ah bon? T'es une drôle de fille toi!

JOSY. – Oui eh bien croyez moi, Robert, je m'en tasserai bien, de ce troblème!

ROBERT. – Oh la vache, dis donc! C'est impressionnant! (*Il éclate franchement de rire.*)

CLAIRE. – Et voilà, tu te moques, t'es vraiment pas sympa!

ROBERT. – Oh le truc ! J'y crois pas dis donc ! (*Il rit encore plus.*)

JOSY. – Oui bon ben ça va, c'est tas la teine de le crier sur les toits !

Robert s'esclaffe, plié en quatre, se moquant ouvertement d'elle en la pointant du doigt.

JOSY. – Heureusement que je vous connais detuis que je suis toute tetite, je ne vous en tiendrai tas rigueur, mais j'aurai ma revanche un jour !

CLAIRE – Allez, comme moi, il va s'habituer… De toute façon, je t'assure, Josy, au bout d'un moment on n'y prête même plus attention. Allez t'inquiète, tu le connais… laisse-le.

ROBERT. – Non mais dis-moi, Josy, en vrai, qu'est-ce qui s'est passé ? Claire disait que tu filais le grand amour avec Paul, alors… quoi ??

JOSY. – Ah mais oui, tout allait bien ! Jusqu'à ce qu'il rencontre une « tétasse » ! (*Robert essaie de se retenir de rire.*)

ROBERT. – Ah le bougre… Donc il t'a quittée…

JOSY. – Non, c'est moi. Je ne suis guère du genre « tartageuse ».

ROBERT. – Ah ma pauvre… mais bon, tu vas remonter la pente, je te connais.

JOSY. – Oui je vais remonter la « tente », bien sûr, mais…

ROBERT. – Remonter la tente ! Idéal pour le camping ! Ah ah ah !! Oh pardon.

JOSY. – Et voilà, vous vous moquez !

ROBERT. – Non mais avoue que c'est pas commun quand même !

CLAIRE. – Bon allez viens Josy, t'occupe pas, va...

JOSY. – Si tu crois que c'est facile...

CLAIRE. – Ça passera, le médecin te l'a dit, sois confiante, allez...

Sortie des 2 filles côté chambres. Robert rit tout seul, on sonne à la porte. Entrée de Pierrot.

PIERROT. – Alors mon ami, ça roule ? Ah ben t'as une mine réjouie, ça fait plaisir !

ROBERT. – Oh c'est Claire qui vient d'arriver avec une amie de longue date, j'ai passé un bon moment de rigolade, je t'expliquerai. Tiens, viens par ici, mon brave. Regarde, je te donne ça avant qu'Yvonne revienne, ils sont beaux non ? (*Il lui donne le sac de poissons.*)

PIERROT. – Wouah, les belles portions ! C'est drôlement sympa, merci !

ROBERT. – Au four avec des petites herbes, c'est super bon.

PIERROT. – Mais tu es sûr que tu ne veux pas les garder ? Yvonne en mangerait bien !

ROBERT. – Non, elle m'emmerde, j'ai pas envie de lui faire plaisir. Et toi, t'as pêché quelque chose hier, quand j'étais parti ?

PIERROT. – Pas une touche. Rien.

Entrée d'Yvonne porte cuisine.

YVONNE. – Ah, c'est toi Pierrot ? (*Elle vient lui faire la bise.*) Comment va notre voisin préféré ?

Pierrot. – Ça va. T'as le bonjour de Monique.

Yvonne. – Elle aurait dû venir avec toi !

Pierrot. – Elle est partie en courses. (*Il tente gauchement de cacher le sac derrière son dos.*)

Yvonne. – C'est Claire qui est rentrée ?

Robert. – Oui, avec Josy.

Yvonne. – Eh bien il y avait longtemps qu'on ne l'avait pas vue, elle... Je suppose qu'elles sont dans la chambre ?

Robert. – Elles cherchent le calme. C'est humain quand on entre ici. On recherche immédiatement où se cacher. Réflexe de survie ! (*Yvonne le fusille du regard.*)

Yvonne. – Mais t'as l'air bien embêté avec ton sac... Qu'est-ce que tu nous caches ?

Pierrot. – Ah ça ? Euh...

Yvonne. – Montre...

Robert. – Mais t'es pas gênée toi, de vouloir fouiner dans les affaires des gens !!

Yvonne. – C'est pas « des gens », c'est Pierrot !

Robert. – Fous-lui la paix, il n'a pas envie de te montrer !

Yvonne. – Bah bah bah, c'est quoi ces manières, allez, fais voir...

Robert. – Yvonne, je t'interdis !

Yvonne. – Oooh, tu m'interdis ! Comme c'est intéressant ! Tu sais que ça me motive encore plus !?

Pierrot. – Bon je vais vous laisser, moi vos disputes...

YVONNE. – Mais non Pierrot, t'inquiète pas, ton copain veut donner une bonne impression, mais je suis sûre qu'il meurt d'envie de voir ce qu'il y a là-dedans… Hein Robert ?

ROBERT. – Pas du tout. Je n'ai pas une curiosité déplacée comme la tienne. Tu es d'une impolitesse ! J'en ai honte !

YVONNE. – Allez fais pas ton timide. Montre !

PIERROT. – Euh… C'est-à-dire que… (*Elle lui prend le sac des mains et l'ouvre, puis pousse un cri d'admiration.*)

YVONNE. – C'est pas vrai !! 2 bars !! Superbes !! Tu les as pêchés hier ?

PIERROT, *gêné*. – Ah ça, ils sont tout frais.

YVONNE. – Et tu nous les apportes ? Ah t'es vraiment gentil, toi. Alors là, c'est pas Robert qui donnerait quoi que ce soit. Prends-en de la graine, toi ! Regarde-moi ça, ils les avait à peine en sa possession, qu'il vient nous les apporter !

PIERROT. – Ah ça, c'est vrai que je ne les ai pas eus longtemps…

YVONNE. – Tu es admirable. Quelle générosité !

PIERROT. – Oh, tu sais, j'ai pas de mérite…

YVONNE. – Modeste en plus ! Viens là que je te fasse une bise… (*Elle l'attrape et l'embrasse.*)

ROBERT. – Et moi j'ai pas de bise ?

YVONNE. – T'as du bar ? Non ? Ben voilà. T'es un perdant : pas de bar, pas de bise.

ROBERT. – Quel chameau tu fais ! Et s'il voulait les garder, hein ?

YVONNE. – S'il voulait les garder il ne serait pas venu ici avec ! Pas vrai Pierrot ?

PIERROT. – Euh…

YVONNE. – Alors ! Tu vois ! Tu réfléchis de temps en temps ?

ROBERT. – Oui, comme un miroir.

PIERROT. – Comment ça tu réfléchis « comme un miroir » ?

YVONNE, *ignorant complètement la remarque de Pierrot.* – Ouais, tu ne réfléchis pas beaucoup, c'est bien ce qu'il me semblait.

ROBERT – Ben ça dépend tout simplement de ce que j'ai devant moi !

YVONNE, *elle se plante devant lui, le défiant du regard.* – Eh bien vas-y, te gêne pas, ose ! Qu'est-ce que tu as devant toi ?

ROBERT, *la regardant de haut en bas.* – Le néant.

YVONNE. – Oh ! Alors ça, c'est petit… comme le reste d'ailleurs !

PIERROT, *gêné.* – Bon je vais vous laisser moi…

YVONNE. – Non non Pierrot, reste ! C'est moi qui décampe. J'ai de l'occupation.

ROBERT. – Pour une fois ! Ça te changera de d'habitude ! Ha ha, et qu'est-ce que t'as donc à t'occuper ?

YVONNE. – J'ai 2 beaux bars à avaler ! Bon courage Pierrot ! Et bonjour à Monique !

Sortie d'Yvonne.

ROBERT. – Je vais la tuer.

PIERROT. – Oh c'est pas grave, tu sais, c'est que du poisson…

Robert. – Je ne la supporte plus, elle me rend la vie impossible.

Pierrot. – Faut dire que t'es pas tendre non plus.

Robert. – C'est sa faute ! T'as vu comment elle me cherche ?

Pierrot. – Oui… Enfin c'est un peu réciproque on va dire !

Robert. – Tu prends sa défense ?

Pierrot. – Moi ? Alors là non, tu plaisantes, ah non alors là… et euh… (*Essayant de changer de sujet.*) Sinon, Claire, ça va ?

Robert. – Bah ouais, ça va, ça nous change un peu de l'avoir à la maison, mais elle est juste en transit pendant un mois, entre 2 apparts, tu sais, elle ne va pas rester… Mais on ne la voit pas beaucoup. Et puis vu l'ambiance dans la maison, je peux te dire qu'elle ne traîne pas dans les parages. Avec sa mère qui m'empoisonne la vie sans arrêt, ça se comprend ! J'en ai tellement marre qu'un de ces quatre, je vais me barrer, j' te jure.

Pierrot. – Pff… Tu parles ! Et t'irais où ?

Robert. – J'sais pas, j'vais y réfléchir. J'pourrais me planquer dans mon gabion ! Mais elle me retrouverait vite fait.

Pierrot. – En supposant qu'elle te cherche, bien évidemment.

Robert. – Tu penses ! Elle serait perdue sans moi, oui !!

Pierrot. – T'en es sûr ?

Robert. – Ah que oui ! Elle pleurerait toute la journée, elle brûlerait des cierges pour que je revienne, pendant que moi, je siroterais tranquillement des bières sans entendre une seule réflexion, ah ça fait rêver, hein Pierrot ?

Pierrot. – Mouais, ben moi je ne suis pas convaincu que le plus malheureux des 2, ce soit elle, tu vois !

ROBERT. – Non mais tu rigoles ou quoi ? Tu veux parier ?

PIERROT. – Quoi… Tu veux vraiment qu'on parie ?

ROBERT. – Elle ne tient pas 2 jours, je te dis !! Plus personne à engueuler, même le chat il en a eu marre, il s'est barré, alors…

PIERROT. – Je suis sûr que tu craques avant elle.

ROBERT. – Quoi ?? Mais t'es fou mon Pierrot ! Ah tu me provoques, là. Allez, on parie !

PIERROT – Et on parie quoi ?

ROBERT. – Qu'elle ne résiste pas 48 heures, qu'elle appelle tous les hôpitaux de la région au bout de 6 heures, qu'elle appelle la police au bout de 7, la Vierge Marie au bout de 8, Dieu en personne au bout de 10, sa mère au bout de 12.

PIERROT. – Mais elle est morte, sa mère.

ROBERT. – Tu ne sais pas de quoi elle est capable ! Pour arriver à ses fins elle pourrait réveiller un mort !

PIERROT. – Bof, allez, entre nous… tu ne crains pas grand-chose.

ROBERT. – Si… En fait je viens de réfléchir… Finalement c'est ce qui pourrait m'arriver de pire.

PIERROT. – De quoi ? Qu'elle appelle la police ?

ROBERT. – Non : qu'elle ressuscite sa mère !

Entrée fracassante d'Yvonne par la porte cuisine.

YVONNE. – Et le plombier !? Tu l'as appelé le plombier ?

ROBERT. – Non.

YVONNE. – Et tu attends quoi ?

ROBERT. – Que tu le fasses.

YVONNE. – Que MOI, j'appelle le plombier, MOI ??

ROBERT. – Ben oui, TOI, c'est bien TOI qui a un problème de douche non ? C'est pas moi, que je sache !

YVONNE. – Ah ça, c'est sûr que tu ne peux pas avoir de problèmes avec la douche, pour avoir un problème faut commencer par être en contact ! Et toi tu n'as aucun contact avec la douche !

ROBERT. – Tu vas pas recommencer avec tes remarques !!

PIERROT. – Bon moi je vais vous laisser, hein…

ROBERT. – Je préfère la baignoire, j'ai le droit de préférer la baignoire !

YVONNE. – Ah ça, pour mariner dans ton jus, t'es très fort !

ROBERT. – Mais tu vas me foutre la paix oui !? Va t'occuper de tes maquereaux, espèce de poissonnière !

YVONNE. – Ah tu le prends comme ça ?

PIERROT. – Bon ben moi je vous laisse…

ROBERT. – Nan attends, on a bientôt fini. (*À Yvonne.*) Oui madame, je le prends comme ça, ça te défrise ?

YVONNE. – Tu veux jouer à ça ? Vraiment ? Tu ne veux pas appeler le plombier ?

ROBERT. – Naaan !

YVONNE. – Très bien… Tu l'auras voulu ! (*Elle ressort en claquant la porte.*)

ROBERT. – Arrête j'ai peur! Pierrot : ma décision est prise : je m'en vais. (*Il prend un sac dans un placard, prend un peu d'argent dans un tiroir, 2 ou 3 paquets de gâteaux qu'il met dans le sac.*)

PIERROT. – T'es pas chiche…

ROBERT – Tu vas voir si j'suis pas chiche. Comme on a dit tout à l'heure. Si d'ici 48 heures, elle n'a pas appelé tous les hôpitaux du quartier, ni demandé de mes nouvelles, je perds mon pari et je te donne tout ce que j'ai sur mon livret A!

PIERROT. – Ton livret A? T'es pas sérieux?

ROBERT. – Si.

PIERROT. – Et tu vas te cacher où?

ROBERT. – Si elle te le demande, tu lui diras que tu ne sais pas. Je vais lui donner une bonne leçon, je te garantis. Après la frayeur de sa vie elle ne m'emmerdera plus jamais.

PIERROT. – Tu crois vraiment?

ROBERT. – Regarde, je prends juste 2 ou 3 affaires, et basta. J'en peux plus, j'en peux plus.

PIERROT. – Dommage qu'elle ait récupéré les poissons, tu serais venu les manger avec moi à la maison!

ROBERT. – Je vais avoir tout le temps d'en pêcher d'autres! Allez on sort de là, Pierrot, viens, on va commencer par aller boire un coup chez José, peaufiner tout ça.

Ils sortent. Entrée fracassante d'Yvonne.

YVONNE. – Et la poubelle? C'est moi qui vais la sortir la poubelle? Hein? (*Voyant qu'il n'est plus là.*) C'est ça, fuis! C'est tellement facile de ne pas assumer ses responsabilités! Ben voyons!

Entrée de Claire et Josy par la porte chambres.

CLAIRE. – Tu parles à qui, maman ?

YVONNE. – Au mur, comme d'habitude ! Ah, bonjour Josy, ça va ? Ne soyez pas pressées de vous trouver un bonhomme, les filles, c'est l'enfer !

JOSY. – Ah ça, « tour l'instant », je suis vaccinée, moi.

CLAIRE. – Jusqu'à la prochaine rencontre…

YVONNE. – Pourquoi ? C'est fini avec ton playboy ?

JOSY – Oui. J'ai « romtu » avec « Taul ».

YVONNE. – Hein ?

CLAIRE. – Elle a rompu avec Paul.

YVONNE. – Ah j'avais pas compris… Qu'est-ce qui s'est passé ? Je croyais que c'était un saint !

JOSY. – Un saint, « Taul ? », ha ! Il est « tarti » avec une « toufiasse » !

YVONNE. – Synthol ? Toufiasse ? Comprends rien du tout.

CLAIRE. – Je te résume maman, suite au choc psychologique qu'a occasionné la rupture, Josy ne peut plus prononcer la lettre « p » comme dans « Paul », c'est le « t » qui remplace, pour le moment, en attendant que le « p » revienne.

YVONNE. – Qu'est-ce que c'est que cette histoire abracadabrante ?

JOSY. – Je sais c'est bizarre, c'est un traumatisme émotionnel.

YVONNE. – C'est pas vrai ? C'est vrai ? Montre-moi ça !? Dis : euh… « papa est parti faire pipi comme pépé et il se prend pour Popeye avec ses épinards qui puent ». Vas-y répète !

JOSY. – Oh, Yvonne…

CLAIRE. – Maman, ça va, Josy n'est pas un phénomène de foire !

YVONNE. – Non mais c'est juste pour me rendre compte.

JOSY. – Excusez-moi mais c'est déjà assez « ténible » comme ça.

YVONNE. – Oh allez… Un petit effort, pour me faire plaisir…

JOSY. – Non Yvonne, désolée.

YVONNE. – Bon alors juste « les épinards de Popeye puent ». (*Elle accentue tous les « p » de la phrase.*)

JOSY. – Non…

YVONNE. – Ah, t'es pas drôle, bon ben puisqu'on se retrouve entre filles et que ton courageux père a largué les amarres, je propose qu'on boive un petit coup. Hein Josy !!

JOSY. – Volontiers !

YVONNE. – Et tu veux quoi, un « tastis » ?

JOSY. – Non, un « torto ».

YVONNE. – C'est pas pratique ton truc, là. Enfin si tu dis qu'on s'habitue…

CLAIRE. – Moi je n'y fais même plus attention.

YVONNE. – Et toi ma fille ? La même chose ?

CLAIRE. – Oui, merci maman.

Yvonne sert 3 portos et elles trinquent.

YVONNE. – Alors qu'est-ce que vous avez fait de beau ?

CLAIRE. – On a réenregistré le profil de Josy sur le site de rencontre « mystic ». Elle se sent prête à rencontrer de nouveau quelqu'un.

JOSY. – Oui euh... moyen-moyen quand même. C'est encore juste. Mais il faut essayer... et surtout retrouver « l'estoir ».

YVONNE. – De notre temps, y'avait pas les ordinateurs... Et j'ai l'impression qu'on s'en portait pas plus mal.

CLAIRE. – C'est quand même pratique, t'as pas envie de t'y mettre, maman ?

YVONNE. – Ah malheureuse ! Et qu'est-ce que j'en ferais ? Je serais bien incapable de toucher à ces engins-là.

JOSY. – Montre-lui 2 ou 3 trucs, ce serait cool, non ?

CLAIRE. – Allez, tiens, regarde, je vais te montrer le profil de Josy sur le site de rencontre.

JOSY. – Forcément il faut que tu commences avec ça !

CLAIRE. – Ben quoi, si ça se trouve, t'as déjà des messages.

Elle ouvre son ordinateur portable, clique rapidement et tape comme une frénétique sur le clavier sous l'œil ébahi de sa mère.

YVONNE. – Il t'a rien fait, le clavier, tu peux lui parler gentiment !

CLAIRE. – Tiens, regarde maman, je te montre, tu vois, là, c'est le profil de Josy.

YVONNE. – C'est pas le profil de Josy, ça.

JOSY. – Si si, c'est mon trofil.

YVONNE. – Ah, on appelle ça un profil même quand la photo est de face ?

CLAIRE. – Oui, c'est une expression ! Ça veut dire que c'est sa page de présentation, ses infos sur elle, ses goûts, tout ça…

YVONNE. – Et ça veut dire quoi, « vous avez reçu un émail » ? (*Prononcer « émaille ».*)

JOSY. – On dit « imel », Yvonne ! J'ai un message ? Claire, j'ai un message ?

CLAIRE. – Fais voir, ah oui !! Ben dis donc, ça n'a pas traîné ! (*Elle lit.*) « Bonjour Josy, ton profil m'intéresse, je m'appelle Antoine, suis un homme sérieux, travailleur, non fumeur, non buveur – tu vas t'emmerder avec un mec comme ça –, passionné de légumes »… « Passionné de légumes » ??

YVONNE, *moqueuse.* – Ah comme c'est intéressant un homme passionné de légumes !

JOSY. – Moi je crois que ça signifie que c'est un homme sain, c'est tout.

CLAIRE. – Tu veux lui répondre ?

JOSY. – Bah oui, faut voir.

YVONNE. – Et qu'est-ce que tu vas lui répondre ? Que ça tombe bien, que tu cherches un beau poireau ?

JOSY. – Oh mais non, Yvonne, voyons…

YVONNE. – Et t'as pas peur qu'il te raconte des salades ?

CLAIRE. – Très drôle maman.

YVONNE. – Ou qu'il te prenne pour une courge ? Surtout s'il n'a pas un radis…

Les 2 filles rient.

CLAIRE. – Bon, alors, je lui mets quoi ?

YVONNE. – Mets-lui 1 livre de tomates.

CLAIRE. – Maman… Bon, alors Josy ?

JOSY. – Écris ce que tu veux, je m'en fous.

CLAIRE. – Quand même, tu pourrais participer un peu plus ! Si ça se trouve, c'est ton futur mari !

JOSY. – Y'a sa photo ?

YVONNE. – Ah oui, montre-nous, qu'on se marre 2 minutes !

Claire clique comme une dingue sur le clavier.

CLAIRE. – Voilà ! C'est lui !! Bon, y'a pire…

YVONNE, *se penchant sur l'écran.* – Je m'en doutais.

JOSY. – Quoi ?

YVONNE. – Il a une tête de chou ! Logique… J'espère pour toi qu'il n'est pas belge… Il manquerait plus que ce soit un chou de Bruxelles, alors là…

JOSY. – Mais non, les annonces sont sélectionnées en fonction des régions. Montre la photo… (*Regardant l'écran à son tour.*) Ouais… bof, j'ai vu mieux.

CLAIRE. – Ne te fie pas trop aux photos, c'est trompeur quelquefois, bon alors je lui réponds « bonjour Antoine, ravie de faire ta connaissance, comment t'appelles-tu » ?

YVONNE. – T'as pas dit qu'il s'appelait Antoine ?

CLAIRE. – Oh que je suis bête… alors : « bonjour Antoine, ravie de faire ta connaissance, que fais-tu dans la vie ? »

Josy. – Ah oui, écris ça, c'est bien de connaître leur métier.

Yvonne. – Je te parie qu'il végète.

Claire, *toujours tapant frénétiquement*. – Donc maman, tu vois, là j'ai tapé le message…

Yvonne. – Ah ça pour taper, tu l'as sacrément tapé.

Claire. – Et là, je clique sur « envoi », tu vois ?

Yvonne, *sans regarder et l'air de s'en ficher royalement*. – Ouais ouais.

Claire. – Surtout si ça ne t'intéresse pas, n'hésite pas à me le dire !

Yvonne. – Et là, il va te répondre, le gars ?

Josy. – Normalement oui, il est en ligne.

Yvonne. – Ah mais il nous entend ?

Claire. – Mais non maman, il ne nous entend pas.

Yvonne. – Ah j'ai eu peur, donc on peut lui dire n'importe quoi, il n'entend rien ? Je peux essayer ? (*Elle s'approche de l'écran et crie.*) Tête de chououou !

Claire – Il t'entendrait si tu activais la caméra intégrée et que tu tchattais en direct. Dans ce cas, c'est comme si tu parlais à quelqu'un juste en face de toi. Tu comprends ?

Yvonne, *ne comprenant rien du tout*. – C'est limpide.

Claire. – Ne commence pas à manigancer des mauvais coups, toi, je te connais, hein !

Yvonne. – Mais non, penses-tu, j'essaie juste de me défouler et de me changer les idées, avec ton satané père qui m'empoisonne la vie, j'en ai bien besoin. Mais où est-ce qu'il est parti d'ailleurs ? Mais c'est pas vrai ça !! Tu l'as vu ?

CLAIRE. – Non, je ne sais pas où il est parti maman.

YVONNE. – Il va me faire tourner chèvre !

CLAIRE. – Eh bien de quoi te plains-tu ? Quand il est là, tu lui cries dessus parce qu'il t'énerve… Au moins tu es tranquille pour le moment, non ? (*Yvonne accuse le coup.*)

JOSY. – Ah ! Ça y est ! Revoilà un mail !

YVONNE. – Alors ?

JOSY, *elle lit*. – « Je suis maraîcher, et…

CLAIRE, *elle coupe*. – Quelle surprise ! En plus un passionné : il doit ramener du boulot à la maison !

YVONNE. – Alors là c'est pas grave, quand c'est du boulot qui se mange.

JOSY. – Je continue. (*Elle lit.*) « Je suis maraîcher, et toi ? Aimes-tu la culture, la magie de la vie, cette force indéfinissable qui fait grossir la courgette, et aide la scarole à s'ouvrir comme une fleur dans la rosée du matin ? »

CLAIRE. – Oh ! Un poète !!

YVONNE. – Un pouet', un pouet'… Je voyais plutôt un truc un peu cochon, moi…

JOSY. – Oh quand même, il m'intrigue… dis-lui, euh… Non donne, je vais l'écrire moi-même. (*Elle prend l'ordinateur et tape en lisant.*) « Oui j'aime la culture et aussi la lecture et le cinéma », allez hop, envoi.

YVONNE. – C'est mignon! Mais là, tu prends des risques ma cocotte!

CLAIRE. – Pourquoi tu dis ça?

YVONNE. – Il va lui proposer un cinéma, très mauvaise idée! Et ils vont aller voir quoi? Hein? Allez Josy, devine! Qu'est-ce qu'un passionné de légumes peut t'emmener voir au cinéma?

JOSY. – J'en sais rien, moi!

YVONNE. – Un navet, voyons!! Non mais tu l'auras cherché, là, franchement!

CLAIRE, *à Josy*. – Comme tu peux le voir, la mère est déchaînée, ce soir!

JOSY. – Y'a même de la houle, parce que le torto, il commence à me tourner la tête.

YVONNE. – C'est pas le porto, ma petite, c'est ton nouveau prétendant! Ça sent la ratatouille, ça! Bon, en attendant, vous mangez là ou pas? Parce que je ne sais pas où est parti ton père, mais s'il compte sur moi pour l'attendre, il se met le doigt dans le trou de… l'œil.

CLAIRE. – Il ne va sûrement pas tarder.

YVONNE. – Il a dû repartir avec Pierrot.

CLAIRE. – Ah Pierrot est venu? Je ne l'ai pas entendu.

YVONNE. – Il est juste passé nous donner 2 bars qu'il a pêchés hier. Il est plus doué que ton père, lui au moins! Et surtout plus généreux! Oh c'est vrai, il faut que j'appelle le plombier, bien évidemment ton père refuse de le faire… (*Elle se lève et attrape le téléphone après avoir cherché rapidement dans l'annuaire, pendant ce temps les filles sont accaparées par l'ordinateur.*)

« Allo ? Oui bonsoir madame, est-ce que je pourrais parler à votre mari plombier ? Enfin à votre plombier… Je veux dire votre mari… Ah c'est votre frère ? Oui ben c'est pareil, oui… merci… Allo oui bonsoir monsieur, euh… je vous appelle pour savoir si vous pourriez passer, j'ai un problème de douche… Ah ben je sais pas, monsieur, comment vous dire : ma bouche fuit, ma douche pardon, et en même temps ça coule sur le côté au lieu de couler au milieu, vous voyez ? Et quand on tourne à fond le robinet, ben il veut pas tourner, il mouline dans le vide, bref il veut pas m'obéir !… Et plus je veux le contrôler, plus il fuit… J'ai tout essayé, je lui ai tiré sur le tuyau, j'ai trifouillé son robinet dans tous les sens, j'ai même secoué tout ce que je pouvais, il se passe rien, même le machin ne tient pas droit tout seul, tout retombe alors vous voyez… quoi ?… Ben qu'est-ce qui vous fait rire ? C'est pas drôle vous savez, quand vous êtes à poil sous un tout petit jet qui n'est même pas dans l'axe !! Si en plus, faut tout tenir dans une main pour avoir un semblant de résultat, je vous raconte pas comme c'est pratique !!... Non mais je ne rigole pas monsieur !... Bon alors quand est-ce que vous pouvez m'arranger ça ? Parce que j'aimerais bien avoir un résultat correct, moi… Oui regardez votre planning… Avant Noël, ça m'arrangerait, quand même !!... Oui oui j'écoute… Demain ? Nooon, c'est pas possible ?! Vous êtes sûr ? Ah vous allez essayer… Ah c'est moins bien déjà… Oui eh bien le plus tôt sera le mieux, alors je vous donne mon adresse : 12 rue des acacias, Madame Lorgnet… comme Lorgnette mais en masculin. Voilà… Oui, merci. À demain alors ! » (*Elle raccroche.*) Un plombier qui vient dès le lendemain, ce serait bien la première fois que ça arrive ! Tout ça parce que ton père ne veut pas s'en occuper ! Qu'est-ce qu'il peut être fainéant !

CLAIRE. – Maman, c'est tout simplement qu'il n'est pas plombier, lui.

YVONNE. – Faut pas exagérer, ça ne doit pas être si compliqué !

Claire. – Si c'était si simple, tu aurais réussi.

Yvonne. – Non mais dis donc, je ne suis pas plombier, moi !

Les 2 filles se regardent en levant les yeux au ciel.

Josy. – Bon, vous m'excuserez, mais je vais rentrer, la conversation avec Antoine devient vraiment intéressante, je vais continuer à la maison…

Claire. – Attends, je t'accompagne ! Il faut qu'on prépare ton rendez-vous de demain !

Yvonne. – T'as déjà rendez-vous ? Eh bien, c'est de l'expresso !

Claire. – Pas encore, mais tel que c'est parti, il ne va pas tarder à vouloir la rencontrer. Allez, on y va.

Yvonne. – Bon si je comprends bien, je vais passer la soirée toute seule.

Claire. – Mais non, papa ne va pas tarder à rentrer.

Yvonne. – Tu parles d'un réconfort !

Claire. – Allez bonsoir maman, ne m'attends pas, je vais certainement rester dormir chez Josy.

Josy. – Bonsoir Yvonne !

Yvonne. – C'est ça bonne soirée…

Les 2 filles sortent. Yvonne se ressert un petit porto et part en cuisine.

Noir sur la scène pendant quelques secondes, on peut éventuellement entendre le tic-tac d'une horloge et sonner 2 coups. Yvonne réapparaît en robe de chambre, un peu décoiffée.

YVONNE. – Mais qu'est-ce qu'il fabrique? 2 heures du matin, c'est pas normal! Ah il va m'entendre! (*Elle fait les cent pas, la colère se transforme peu à peu en inquiétude.*) Jamais il n'est rentré à cette heure-là, c'est pas possible, il est arrivé quelque chose. (*Elle fait de nouveau les cent pas, hésite, consulte la liste des numéros d'urgence et décroche le téléphone.*) Allo? Hôpital Pasteur?... Bonsoir monsieur... On ne vous aurait pas amené un accidenté ce soir? Oui passez-moi les urgences... Oui bonsoir madame, on ne vous aurait pas amené un accidenté ce soir? Mon mari n'est pas rentré, je suis inquiète... Non je ne quitte pas... Allo? Un monsieur aux cheveux noirs et aux yeux bridés? Ah non c'est pas à moi, ça. Non le mien il a les yeux globuleux et il perd ses cheveux...Vous n'avez pas? Bon merci. (*Elle compose un autre numéro.*) Allo oui bonsoir, est-ce qu'on vous aurait amené quelqu'un d'accidenté ou qui aurait eu un malaise, ce soir? Oui, mon mari n'est pas rentré, c'est la première fois en 35 ans de mariage...Vous avez un homme non identifié... Ah... De? Environ 38 ans? Je viens de vous dire que ça fait 35 ans qu'on est mariés, vous faites le compte?... Bon, c'est tout ce que vous avez?... Hein... Un autre monsieur... malaise cardiaque, ah bon... (*L'angoisse la prend.*) Comment il est? Plus de 90 ans? (*Soulagée.*) Ah ben c'est pas grave alors. C'est tout?... Merci, bonsoir. (*Elle compose un autre numéro.*) Allo la police? Oui je vous appelle parce que mon mari a disparu... Oui il est majeur, oui. Vous n'avez entendu parler de rien? Accident, ou malaise ou... Comment il est habillé? Euh... avec un pantalon. Et un pull, enfin je crois. La couleur? Euh... sale. Enfin pas très propre quoi... 12 rue des acacias... Eh bien ça fait... 7 heures qu'il a disparu... Oui... Je vous laisse mon téléphone 02.50.98... Merci... Oui je sais, je sais, mais là c'est vraiment pas normal, vraiment pas du tout... Au revoir. (*Elle fait à nouveau les cent pas.*) C'est pas vrai... (*Elle fait un signe de croix.*) Sainte Vierge Marie... Je vous téléphone, enfin je vous appelle pour vous demander du secours au 12 rue des acacias. Robert a disparu... Où qu'il se trouve

et malgré qu'il m'énerve et que je ne peux plus le supporter…
prenez soin de lui… (*Touchante.*) C'est mon mari… protégez-le…
merci. (*Elle fait quelques pas, et à nouveau un signe de croix.*)
Seigneur Dieu tout-puissant, excuse-moi de te déranger si tard,
mais Robert n'est pas rentré… Peux-tu le ramener à la maison s'il
vous plait, je saurais m'en souvenir… Si si je vais faire un effort…
Merci d'avance, Dieu… Maman! Si tu m'entends, excuse-moi de
te réveiller… Robert n'est pas avec toi par hasard? Si oui, peux-tu
me le renvoyer, c'est pas son heure… C'est pas son heure… (*Elle
se met à pleurer doucement.*)

RIDEAU

ACTE II

Lorsque le rideau s'ouvre, on entend sonner à la porte. Avec insistance. Yvonne accourt en robe de chambre. Elle ouvre.

YVONNE. – Monique ?

MONIQUE. – Salut Vovonne.

YVONNE, *affolée.* – Mais il est 8 heures du matin, qu'est-ce qui t'amène ? Figure-toi que Robert n'est pas rentré de la nuit, je me fais un sang d'encrier, j'ai appelé partout, les hôpitaux, la police, rien, ce qui est bizarre c'est que Pierrot est le dernier à l'avoir vu, il ne t'a rien dit de spécial ? Je suis inquiète, c'est pas normal, j'ai pas fermé l'œil et…

MONIQUE, *elle coupe.* – Stop !

YVONNE. – Quoi ?

MONIQUE. – C'est pour cette raison que je suis venue, rassure-toi, il va bien, et même très bien. Viens t'asseoir.

YVONNE. – Mais tu l'as vu ? Tu lui as parlé ? Mais il est où ??

MONIQUE. – Ah il n'est pas loin : dans notre cave.

YVONNE. – Hein ? Mais qu'est-ce qu'il fait dans ta cave ? Il cuve ?

Monique. – Non, viens là que je t'explique, reprends tes esprits et écoute-moi : Pierrot est rentré hier soir avec un air bizarre, de celui qui magouille quelque chose, bref, j'ai trouvé ça curieux. Bon, la soirée se passe, et il semblait mal à l'aise, je le connais tellement bien, tu penses, quand il me cache quelque chose je le sais tout de suite, il a les narines qui gonflent ! Bref, on s'est couchés, et à 3 heures du matin, je me réveille, plus de Pierrot dans le lit. Je descends… et là, dans la cuisine, je vois un rai de lumière sous la porte qui mène à la cave. Sans faire de bruit, j'entrouvre la porte, et j'entends des voix…

Yvonne. – Des voix ?

Monique. – Nos 2 bonhommes étaient là, dans la cave, en train de se marrer en buvant un coup, et ça discutait, ça discutait. J'ai tendu l'oreille… et j'ai tout compris !

Yvonne. – Mais quoi !?

Monique. – Eh bien ma pauvre amie, figure-toi que ton Robert a planifié de disparaître pendant 2 jours pour te donner une leçon.

Yvonne. – Q..u..o..i ?

Monique. – Il se plaignait de votre relation, il ruminait, il ruminait, répétait qu'il en avait marre, ils ont même parié sur toi !

Yvonne. – Hein ? Mais j'suis pas un cheval !

Monique. – Je peux même te dire que Robert a parié son livret A, que tu serais affolée, et il espérait bien qu'en rentrant dans 2 jours en te faisant croire je ne sais quoi, tu serais dans de meilleures dispositions avec lui tellement tu serais soulagée de le retrouver.

Yvonne. – Oh le salaud ! Oh, le sa-laud !! Il a comploté ça avec Pierrot ?

MONIQUE. – Faut croire. Je ne suis pas fière de lui, tu peux me croire.

YVONNE. – Alors qu'on est amis depuis plus de 20 ans ! Mais comment je vais lui pardonner ça ?

MONIQUE. – Pour le pardon, on n'en est pas encore là. Par contre, pour la vengeance, c'est l'heure. Et tu peux compter sur moi pour que la situation se retourne contre eux. Je suis de ton côté.

YVONNE. – Sainte Mère ! (*Elle regarde en l'air, fait un signe de croix et s'adresse au ciel.*) Ah oui au fait, je retire ce que j'ai dit cette nuit… mais… passe le bonjour à maman quand même de ma part.

MONIQUE. – Tu étais vraiment inquiète, hein ?

YVONNE. – Pire que ça. Mais ne lui répète jamais !! Il serait trop content.

MONIQUE. – Compte sur moi. Alors première chose : je crois que Pierrot va passer ce matin, constater dans quel état tu te trouves. Son intérêt à lui, c'est que tu sois heureuse et pas du tout inquiète de la disparition. Comme ça, ton mari perd son pari, et son livret A par la même occasion.

YVONNE. – Mais c'est dément cette histoire de livret A !

MONIQUE. – C'est juste stupide ! Alors va vite t'habiller, remettre tes cheveux un peu en place, cacher tes cernes, pour lui prouver à quel point tu es ravie d'être débarrassée de Robert. Après, pour l'inspiration, ça va venir tout seul !

YVONNE. – Oh ça, je n'ai jamais été aussi inspirée ! Mais dis donc, j'ai pas tellement envie que Pierrot récupère ce qu'il y a sur notre livret, quand même !

MONIQUE. – Il a dit qu'il lui donnerait le contenu de son livret, mais il n'a pas précisé combien il y avait dessus! Tu me suis?

YVONNE. – Aaah, ouiii! J'ai juste un petit coup de fil à passer à la banque, je vais arranger ça.

MONIQUE. – T'as tout compris! Je repasse te voir plus tard.

YVONNE. – D'accord.

Sortie d'Yvonne côté chambres. Monique s'apprête à sortir de son côté lorsqu'on sonne. Elle ouvre.

LE PLOMBIER. – Bonjour madame. C'est le plombier.

MONIQUE. – Ah bon?

LE PLOMBIER. – Madame Lorgnette?

MONIQUE. – Lorgnet, oui, c'est ici, mais elle s'est absentée une minute, je suis son amie. Mais entrez, je vous en prie.

LE PLOMBIER. – Elle m'a appelé pour un problème de douche.

MONIQUE. – Ah bon.

LE PLOMBIER. – Donc je passe.

MONIQUE. – C'est bien. Il y a combien de mois qu'elle vous a téléphoné?

LE PLOMBIER. – C'était hier.

MONIQUE. – Ouh là! Eh bien toutes mes félicitations, c'est la première fois qu'un plombier s'exécute aussi vite! C'est même louche!

LE PLOMBIER. – Non non, c'était soit je passais ce matin, soit dans 3 mois. Question d'organisation.

MONIQUE. – Ah bon alors tant mieux. Mon amie ne va pas tarder. Elle ne vous a pas parlé de son problème de chasse d'eau, pendant que vous êtes là ?

LE PLOMBIER. – Un problème de chasse ? Ah non, elle m'a seulement parlé d'un problème de douche.

MONIQUE. – Alors moi je vous le dis : elle a aussi un souci de chasse. Si elle n'y pense pas, vous lui direz que je vous l'ai dit !

LE PLOMBIER. – Et qu'est-ce qu'elle a comme souci sa chasse ? (*On peut éventuellement jouer avec la difficulté de prononcer cette phrase et s'y reprendre en plusieurs fois.*)

MONIQUE. – Quand on la tire, elle couine.

LE PLOMBIER. – Oh ça, c'est pas très grave… le mécanisme doit être un peu fatigué.

MONIQUE. – Non c'est pas grave, mais c'est pas discret non plus. Quand on a fini tout le monde est au courant dans la maison.

LE PLOMBIER. – En même temps, quand vous sortez des toilettes, tout le monde est de toute façon au courant que vous avez terminé…

MONIQUE. – Oui mais bon, elle couine.

LE PLOMBIER. – D'accord, je vais jeter un œil.

MONIQUE. – C'est la porte juste là. En attendant que Madame Lorgnet arrive… (*Elle ouvre la porte côté chambre et crie.*) Yvonne ! Ton plombier est arrivé ! Je l'ai mis dans les toilettes ! (*Pour elle-même.*) Je ne sais pas si elle m'a entendue… Bon moi je vous laisse…

LE PLOMBIER. – Merci, au revoir madame.

MONIQUE. – Au revoir.

Sortie de Monique. Le plombier disparaît derrière la porte des toilettes qu'il ne ferme pas tout à fait. Entrée d'Yvonne qui ne voit pas le plombier et se dirige directement vers son téléphone. Elle compose un numéro.

YVONNE. – Allo ? Le crédit mutuel ? Oui bonjour madame, vous pouvez me passer mon conseiller, monsieur Bruno ? Merci… Oui bonjour monsieur, c'est Madame Lorgnet… Oui bien merci… (*Le plombier ayant entendu sa voix, réapparaît dans la pièce pour se présenter à elle, mais s'interrompt quand il voit qu'elle est au téléphone.*) Dites, est-ce que vous pouvez retirer la totalité du livret A de mon mari ?... (*Le plombier écoute, un peu malgré lui.*) Comment ça on ne peut pas le clôturer ?... Ah oui… Bon eh bien laissez le minimum alors… C'est combien le minimum ? 10 euros ? Ah c'est bien, 10 euros… Oui merci. Je vais venir prendre le total en espèces. Oui je signerai le papier en même temps, mais vous pouvez me préparer ça ?... Merci. Au revoir. (*Le plombier disparaît à nouveau pour ne pas passer pour quelqu'un d'indiscret mais il a tout entendu. Il tousse discrètement derrière sa porte pour signaler sa présence, Yvonne l'entend, prend peur, elle se saisit de la première chose qui lui tombe sous la main : la canne à pêche laissée par Robert, elle approche de la porte prête à attaquer et s'écrie.*) Qui c'est ?

LE PLOMBIER. – C'est le plombier ! (*Il sort, elle crie et met la canne à pêche en position de fusil.*)

YVONNE. – Sortez de chez moi ou je tire !! Qu'est-ce que vous voulez ?

LE PLOMBIER, *levant les mains en l'air.* – Ah mais pas de panique, ma petite dame ! Je suis vraiment le plombier ! Vous m'avez appelé hier !

YVONNE, *tenant toujours la canne à pêche comme un fusil.* – Et comment vous êtes entré ?

LE PLOMBIER. – C'est votre amie qui m'a ouvert la porte !

YVONNE. – Et qu'est-ce que vous faites dans mes toilettes ?

LE PLOMBIER, *toujours les mains en l'air.* – C'est votre amie, toujours elle, qui m'a dit que vous aviez aussi un problème de chasse d'eau. Je jetais juste un œil en vous attendant. Mais je viens pour la douche, votre douche qui fuit, votre robinet qui ne vous obéit pas et votre pommeau qui tombe ! Vous voyez ! Comment je pourrais inventer ça, hein ?

YVONNE, *rabaissant sa canne.* – Ben dites donc, vous êtes matinal !

LE PLOMBIER, *rabaissant les bras.* – Et vous, un peu stressée !

YVONNE. – Excusez moi, mais je n'ai pas dormi de la nuit alors je suis un peu à fleur de peau.

LE PLOMBIER. – Et distraite. Il n'est pas même chargé votre fusil.

YVONNE. – Oui bon ben ça va. Dans les moments de panique, on prend ce qu'on a sous la main ! Et puis vous avez quand même mordu à l'hameçon, malgré tout !

LE PLOMBIER. – C'était pour vous faire plaisir.

YVONNE. – Trop aimable. Bon, alors comme ça, mon amie vous a parlé de ma chasse d'eau ? Oui, je sais, elle couine un peu, mais je préfèrerais que vous alliez voir la douche en premier, c'est ce qui me tracasse le plus quand même. Vous irez aux toilettes après, si vous avez envie. Enfin… je me comprends.

LE PLOMBIER. – Ah mais comme vous voulez madame !

YVONNE. – J'espère bien, alors c'est par cette porte-là, la salle de bain se trouve tout de suite à gauche.

LE PLOMBIER. – Entendu.

Sortie du plombier côté chambres. On sonne à la porte. Yvonne va ouvrir.

YVONNE, *sarcastique.* – Pierrot! Quelle surprise! Y'a drôlement longtemps que je t'ai pas vu dis donc! Entre!

PIERROT, *un peu gêné.* – Ça va Yvonne?

YVONNE. – On ne peut mieux!

PIERROT. – Ah… ah bon? Euh… Robert est là?

YVONNE – Robert? Robert qui?

PIERROT. – Comment ça « Robert qui? », ton mari, pardi! Pas Robert Redford!

YVONNE. – Non, il n'est pas là. Et Redford non plus. Dommage d'ailleurs.

PIERROT. – Ah bon… et… (*Innocemment.*) Il est où?

YVONNE. – J'sais pas. Sûrement à Hollywood.

PIERROT. – Tu joues à quoi, là? Je te parle pas de Redford!!

YVONNE. – Ah, l'autre? Le second rôle? Non seulement je ne sais pas où il est, mais je ne l'ai pas vu depuis hier soir, et je m'en fous complètement! Tu veux un café?

PIERROT, *très mal à l'aise.* – Co… Comment ça, tu ne l'as pas vu depuis hier soir?

YVONNE. – Il est parti.

PIERROT. – Parti, euh… parti comment?

Yvonne. – À pied, je présume.

Pierrot. – Oui mais parti où ?

Yvonne. – Je viens de te dire que je ne sais pas. Tiens, prends un café. (*Elle lui verse un café.*)

Pierrot. – Et ça ne t'affole pas plus que ça ?

Yvonne. – La seule chose qui m'affolerait, c'est qu'il revienne, tu vois.

Pierrot. – Ah. Et tu n'es pas inquiète ?

Yvonne. – Je suis profondément soulagée.

Pierrot. – Eh bien, quand il va savoir ça…

Yvonne. – Tu dis ?

Pierrot. – J'ai dit : « s'il savait ça… »

Yvonne. – Qu'est-ce que ça changerait ? S'il est parti, c'est qu'il a ses raisons.

Pierrot. – Mais il a pris des affaires ?

Yvonne. – Non.

Pierrot. – Il a disparu, quoi. C'est pas une fugue, quand même !

Yvonne. – Je sais pas, et je m'en fous. Tu veux un petit gâteau ?

Pierrot. – Non merci. Et euh… Qu'est-ce que tu vas faire ?

Yvonne. – Profiter de la vie ! Je vais commencer par dépenser un peu de sous pour fêter ça. Il a un livret A bien rempli, je vais prendre un malin plaisir à lui vider !

Pierrot. – Ah non non non, faut pas faire ça !! Oh là là ! T'es folle !

YVONNE. – Ben pourquoi?

PIERROT. – Eh ben parce que... parce que tu imagines, s'il revient et qu'il voit que tu as tout dépensé?? Tu vas passer un mauvais quart d'heure!

YVONNE. – Des mauvais quarts d'heure, j'en ai déjà 4 par heure, avec lui, alors tu sais, un de plus...

PIERROT. – Non mais quand même, c'est son livret...

YVONNE. – Ben maintenant c'est le mien. Je vais m'occuper de ça dans les jours qui viennent.

PIERROT. – Mais tu es inconsciente! Imagine qu'il lui soit arrivé malheur!! Et qu'il soit mort!

YVONNE. – Encore mieux, s'il est mort, il n'aura pas besoin de sous à l'endroit où il est. L'entrée est gratuite. Le chauffage aussi. (*Elle articule particulièrement ces 3 mots pour qu'il comprenne l'allusion.*)

PIERROT. – Mais, et si... et si tu as besoin de payer les obsèques? Tu sais, c'est cher les obsèques! Tu ne connais pas les prix des cercueils!

YVONNE. – On lui en fabriquera un nous-mêmes. Tu gardes toujours des cagettes?

PIERROT. – T'es pas sérieuse...

YVONNE. – Oh que si. Au fait, merci encore pour les poissons. Quelle fête hier soir! Je me suis enfilée tes 2 bars, en plus des 4 maquereaux que j'avais achetés. Un festin!

PIERROT. – Ah tant mieux, mais pour en revenir au livret A...

YVONNE. – Mais il t'intéresse à ce point ce livret A?

PIERROT. – Ben disons que si c'est celui de Robert... et que s'il revient...

YVONNE. – Il n'y a plus de Robert ! Et en plus, il ne pourra jamais revenir.

PIERROT. – Pourquoi ? T'en sais rien !

YVONNE. – Oh si, j'en sais quelque chose, je vais m'empresser de changer la serrure de la porte.

PIERROT. – Mais qu'est-ce qui t'arrive Yvonne ? Je ne te reconnais plus...

YVONNE. – Moi non plus Pierrot, je ne te reconnais plus.

PIERROT. – Moi ? Pourquoi ?

YVONNE. – Tu m'as l'air davantage préoccupé par l'argent de ton copain, que par sa disparition mystérieuse et soudaine !

PIERROT. – Moi ?? Ah mais pas du tout, je suis très inquiet ! D'ailleurs je n'ai pas dormi de la nuit !

YVONNE. – Comment ça ? Tout à l'heure tu ne savais même pas qu'il avait disparu, alors pourquoi t'es-tu inquiété toute la nuit ?

PIERROT. – Euh... ben... euh...

YVONNE. – Ah, laisse moi deviner : tu avais un pressentiment !

PIERROT. – C'est ça.

YVONNE. – Bien sûr, prends-moi pour un lapin de 6 semaines !

PIERROT. – Pas du tout, et puis un lapin de 6 semaines, ça fait déjà un beau lapin...

YVONNE. – Oui c'est ça. Et là, tu pressens quoi ?

PIERROT. – Euh... là ?

YVONNE. – Oui, là.

PIERROT. – Ah là, je pressens qu'il va se passer quelque chose concernant Robert, mais quelque chose de pas sympa du tout.

YVONNE. – Et moi je pressens qu'il va se passer quelque chose concernant Pierrot, mais quelque chose de pas sympa du tout.

PIERROT. – Quoi ? Moi ? Mais pourquoi ?

YVONNE – J'sais pas, une intuition.

On entend le plombier pousser un cri bestial dans la salle de bains.

PIERROT. – Qu'est-ce que c'est que ça ? C'est pas Claire ?

YVONNE. – Ah non, c'est pas clair du tout.

PIERROT. – C'est qui ? Tu n'es pas seule ?

YVONNE. – En effet.

PIERROT. – Mais… c'est un homme ?

YVONNE. – Exact.

PIERROT. – Il y a un homme dans ta… maison ??

YVONNE. – J'ai cette chance.

PIERROT. – Ne me dis pas que…

YVONNE. – Chacun s'arrange comme il peut et saisit l'occasion là où elle est. Tu vois ce que je veux dire ?

PIERROT. – Mais tu perds la raison !? Et si Robert rentrait, là, tout de suite ?

YVONNE. – Eh bien il se rendrait compte à quel point je peux me passer de lui… Bon, Pierrot, c'est pas que je m'ennuie, mais j'ai des trucs qui m'attendent… Et puis le devoir m'appelle… par là-bas, si tu vois ce que je veux dire… (*Pierrot se lève, abasourdi. Yvonne ouvre la porte côté chambre et crie d'une voix séductrice.*) Tout va bien?

LE PLOMBIER, *en voix off.* – Oui oui, c'est bon, j'ai tout redressé! Et ça tient!

YVONNE. – Ah ben tant mieux, j'arrive!

LE PLOMBIER, *depuis les coulisses.* – Par contre ça coule encore… mais j'peux pas être partout!

YVONNE. – Ben non…

LE PLOMBIER, *depuis les coulisses.* – Tout est sorti d'un coup!

YVONNE. – Ah ben ça…

LE PLOMBIER, *depuis les coulisses.* – Y'avait une de ces pressions là-dedans!... Ça demandait qu'à sortir!

YVONNE. – Je ne suis pas étonnée!...

LE PLOMBIER, *depuis les coulisses.* – C'est sorti beaucoup plus vite que je ne le pensais!

YVONNE. – Ah c'est bête…

LE PLOMBIER, *depuis les coulisses.* – Du coup, je suis un peu mouillé… J'ai pas maîtrisé le jet!

YVONNE. – Je vois!

LE PLOMBIER, *depuis le coulisses.* – Je me suis fait surprendre, en fait!

YVONNE. – Ah c'est dommage!

LE PLOMBIER, *depuis les coulisses.* – Oh mais c'est pas désagréable! Ça fait même du bien, presque!!

PIERROT. – Ce qu'on va faire Yvonne, c'est qu'on va supposer que je n'ai rien entendu.

YVONNE. – Comme tu veux.

PIERROT. – Et surtout, je ne vais rien dire à Robert !

YVONNE. – Comment ça ?

PIERROT. – Eh bien si jamais je le croise, ou que je le retrouve, ou que…

YVONNE. – Ne te bile pas, Pierrot, tu sais quelquefois, il suffit juste de descendre à la cave…

PIERROT, *inquiet.* – Descendre à la cave ? Pourqu… pourquoi tu dis ça ?

YVONNE. – Pour arrêter de réfléchir, et tout simplement aller chercher…

PIERROT. – Aller chercher ?...

YVONNE. – Une bonne bouteille ! Histoire de passer un bon moment ! Et profiter de la vie : tu vois ?

PIERROT, *transpirant un peu.* – Ah oui… oui bien sûr.

YVONNE. – Alors fais donc ça, et surtout, si tu trouves ton copain au passage, garde-le au frais ! (*Elle l'emmène vers la porte.*)

PIERROT. – Oui… euh… d'accord…

YVONNE. – Merci d'être passé Pierrot. À bientôt ! (*Elle ferme la porte derrière lui. Entrée du plombier, ses habits sont quelque peu mouillés.*) Ah oui en effet ! Vous êtes trempé ! Vous voulez enlever vos vêtements qu'on les sèche ?

LE PLOMBIER. – Oh non non, ma brave dame, pensez-vous… ça va sécher sur la bête, comme on dit.

YVONNE. – C'est comme ça qu'on attrape du mal…

LE PLOMBIER. – Oh vous savez, ce n'est pas la première fois que ça m'arrive ! Bon, pour votre douche, ça se présente bien, mais il va quand même falloir que je fasse un raccord dans la tuyauterie, et que je change un joint aussi.

YVONNE. – Eh bien changez monsieur, changez. Moi je vous abandonne une petite heure, il faut que je me rende à la banque. Vous en avez pour longtemps ?

LE PLOMBIER. – À peu près comme vous, si tout se passe bien, parce que j'ai les toilettes à faire après.

YVONNE. – Alors je vous laisse la maison.

LE PLOMBIER. – Eh bien ! Vous me faites confiance sans me connaître ?

YVONNE. – Pff, y'a rien à voler ici. À tout à l'heure

Elle prend son sac et sort coté entrée. Le plombier retire alors rapidement son bleu de travail, se retrouve en caleçon et chaussettes (2 différentes et avec des trous) et t-shirt échancré. Il cherche où il peut étendre son vêtement mouillé, finit par le mettre sur le dos d'une chaise. Il prend un ventilateur qui trônait sur un meuble et l'installe en position pour sécher son vêtement, puis repart dans la salle de bain.

Entrée de Claire.

CLAIRE. – Maman ! C'est moi ! (*Elle voit le bleu de travail et le ventilo qui tourne, ne comprend pas.*) Maman ? (*Le plombier arrive avec un sèche-cheveux sans la voir tout de suite.*)

LE PLOMBIER. – Avec ça, ça va aller encore plus vite… (*Il aperçoit Claire et ils crient tous les 2 en même temps.*) Oh pardon mademoiselle-madame, je me croyais tout seul. Excusez-moi, je suis désolé, oh la la… je suis tout gêné.

CLAIRE. – Oui, bonjour à vous aussi, vous êtes qui ? (*Elle le regarde des pieds à la tête.*)

LE PLOMBIER. – Eh bien je sais que ça va être difficile à croire, mais je suis le plombier. (*Il met le sèche-cheveux en position cache-sexe.*)

CLAIRE. – Ah… euh… bon, et mes parents le savent ?

LE PLOMBIER. – Que je suis plombier ?

CLAIRE. – Non, que vous avez des trous à vos chaussettes !

LE PLOMBIER. – Oui, euh non, c'est parce que j'étais en train de réparer la douche, et j'en ai pris une en même temps, mais sans le faire exprès, alors je profitais que votre mère soit partie pour essayer de sécher un peu tout ça, parce que votre mère me l'avait proposé de me déshabiller, mais…

CLAIRE. – Ma mère vous a proposé de vous déshabiller ?

LE PLOMBIER. – Oui pour sécher mon vêtement, mais j'ai dit non, je voulais pas me retrouver dans une situation embarrassante, et là, c'est raté, je ne sais plus où me mettre.

CLAIRE. – Ben mettez vous là, je vais vous prêter un vieux truc à mon père, juste en attendant que votre bleu sèche. (*Elle ouvre un placard et prend un pull et un jogging.*)

LE PLOMBIER. – Oh non je préfère pas…

CLAIRE. – Comme vous voulez. D'ailleurs il est où mon père ?

LE PLOMBIER. – Ah je ne sais pas, moi je n'ai rencontré que votre mère. Elle est partie à la banque.

CLAIRE. – À la banque ? Ma mère ? Ah non, vous devez faire erreur.

LE PLOMBIER. – Ah si, j'en suis sûr, elle est partie à la banque. Je l'ai entendu téléphoner et elle voulait clôturer le livret A de votre père ou je sais pas quoi.

CLAIRE. – Non mais dites donc ! Vous êtes bien au courant pour un plombier !

LE PLOMBIER. – Ben là encore, c'est bizarre je sais, j'ai entendu la conversation vraiment sans faire exprès.

CLAIRE. – Ça en fait des choses « sans faire exprès » !

LE PLOMBIER. – Oui c'est vrai, je suis désolé, je ne le fais pas exprès.

CLAIRE. – Clôturer le livret A de mon père ? Qu'est-ce que c'est que cette histoire ? J'y comprends rien du tout. Bon, j'en saurai plus tout à l'heure. (*En désignant le sèche-cheveux sous la ceinture.*) Et votre brushing, vous le faites quand ?

LE PLOMBIER. – Ah ça, en fait, c'était pour sécher 2 fois plus vite, mais c'est pas grave, je vais le remettre mouillé, surtout qu'il faut que je ressorte pour aller chercher un joint de rechange.

CLAIRE. – Alors enfilez ça. (*Elle lui tend les vêtements.*) Je vais mettre votre truc au sèche-linge pendant 10 minutes, c'est pas un drame.

LE PLOMBIER, *s'habillant rapidement avec le jogging et le pull.* – Oh c'est gentil, mais si votre père rentre… Vous vous rendez compte, trouver un homme avec des vêtements à lui… Hein ? Il va dire quoi ?

CLAIRE, *elle le regarde de haut en bas.* – Sûrement que ça ne vous va pas du tout…

LE PLOMBIER. – Et c'est tout ?

CLAIRE. – Mais oui, c'est pas un monstre, je lui expliquerai. Allez j'emmène ça au sèche-linge.

LE PLOMBIER. – Merci !

Sortie du plombier porte entrée. Le portable de Claire sonne.

CLAIRE. – Allo ? Oui Josy, ça va ?... Ça y est t'es allée au rendez-vous avec ton maraîcher ?... Tu viens de boire un café avec lui ??... Alors raconte !... Comment il est ? Ah non, ne me dis rien, et passe à la maison me détailler tout ça ! Je t'attends ! Oui à tout de suite !

Sortie de Claire côté chambres. La porte d'entrée s'ouvre timidement, Pierrot entre en premier, regarde si le champ est libre, et fait un signe à Robert pour qu'il entre à son tour.

PIERROT. – T'es complètement inconscient de vouloir prendre des affaires maintenant ! Fallait penser à ça hier !

ROBERT. – J'ai oublié ! Faut bien que je me change ! Je sens le poisson !

PIERROT. – Franchement j'aurais pu te prêter 2 ou 3 fringues, pour une journée !

ROBERT. – J'aime pas tes fringues. Elles sont moches.

PIERROT. – Oh, eh ! Tu fais bien le difficile ! Bon dépêche-toi ! Et s'ils arrivent ?

ROBERT. – Qui ça « ils » ?

PIERROT. – « Elle » ! Si « elle » arrive…

Robert se rue vers le placard, prend ce qui vient (pull et pantalon) et s'empare de la canne à pêche au passage.

ROBERT. – Bon alors qu'est-ce qu'elle a dit Yvonne ? Tu l'as vue ?

PIERROT. – Oui, je l'ai vue, oui…

ROBERT. – Elle devait avoir la tête à l'envers !?

PIERROT. – Euh… pas vraiment.

ROBERT. – Quoi ? Arrête, je suis sûr qu'elle n'a pas dormi de la nuit !

PIERROT. – Elle n'a peut-être pas dormi de la nuit, mais pas forcément pour les raisons que tu supposes.

ROBERT. – Elle avait des cernes ?

PIERROT. – Où ça des cernes ?

ROBERT. – Ben sous les yeux ! Pas sous les genoux, que je sache !

PIERROT. – Non, enfin si, mais non. En fait Robert, faut que je te dise, elle n'était pas du tout du tout affectée par ta disparition. Voilà.

ROBERT. – Quoi ? Tu rigoles ou quoi ?

PIERROT. – Non, elle était en pleine forme, joyeuse et… soulagée.

ROBERT. – Soulagée ?

PIERROT. – Mon vieux, je crois bien que t'as perdu ton pari.

ROBERT. – Oh nom d'un mérou !

PIERROT. – Et ton livret A.

ROBERT. – Quoi mon livret A ?

PIERROT. – T'étais sûr qu'elle allait être complètement affolée et abattue. Ben c'est tout le contraire. T'as perdu. J'espère que tu es bon perdant. Bon dépêche-toi!!

ROBERT. – Elle n'était même pas un peu triste?

PIERROT. – Non! Rien! Que dalle! Je lui ai même suggéré que t'étais peut-être mort, et elle m'a quasiment ri au nez!

ROBERT. – Oh nom d'une écaille!

PIERROT. – Ça je te l'avais dit! Et à mon avis elle va se dépêcher de dépenser ton fric!

ROBERT. – Pourquoi?

PIERROT. – Un pressentiment. Tu devrais te dépêcher de retirer ton argent avant qu'elle dépense tout. Par exemple, tes placements ou… même ton livret A au passage… pour le mettre en sécurité, tu vois? Bon tu viens?

ROBERT. – Mais quand même, tu ne l'as pas trouvée un peu triste? Elle n'avait pas des larmes dans les yeux?

PIERROT. – Pas une goutte, c'était tout sec. Bon, magne-toi, avant qu'il nous arrive des bricoles. De toute façon, t'as perdu, t'as perdu, tu ferais mieux d'arrêter tout.

ROBERT. – Nan nan, c'est pas possible, je suis sûre qu'elle va lancer des recherches aujourd'hui, elle joue la dure comme ça, pour se donner une image.

PIERROT. – Robert, laisse tomber! Ta bonne femme ne veut plus de toi, c'est clair! Tu t'es gouré, c'est tout!

ROBERT, *essayant de donner le change.* – Eh ben tant mieux, je suis bien content! Et moi aussi je suis soulagé! Ha! Voilà!

PIERROT. – Arrête, t'en es malade!

ROBERT. – Moi ? Alors là pas du tout, tu me connais mal, mon pote. Je m'en fous, mais alors complètement ! Et je ne suis pas prêt de revenir, si je reviens un jour, d'ailleurs !

PIERROT. – Moi je te dis que tu vas revenir rapidement, d'ailleurs t'as pris qu'une tenue de rechange. Allez on y va. Si tu veux je t'emmène même à la banque...

ROBERT. – J'ai pas envie d'aller à la banque, tu es bien pressé ! Je ne m'avoue pas vaincu !

PIERROT. – Bon, on va aller calmer tout ça...

ROBERT, *hystérique.* – Oh mais je suis très calme et détendu, très calme ! Je n'ai jamais été aussi calme ! Et tu ne l'as pas trouvée juste un tout petit peu inquiète ?

PIERROT, *tout en sortant.* – Non, je te dis !

ROBERT. – Même pas un tout petit rikiki ?

PIERROT. – Non !!!

Entrée de Claire (porte chambres), au moment où la porte se ferme derrière eux.

CLAIRE. – C'est toi papa ?...

Constatant qu'il n'y a personne, elle hausse les épaules et se prépare un café. On sonne à la porte quelques secondes plus tard, elle ouvre. Entrée de Monique.

MONIQUE. – Bonjour ma belle, ça va ?

CLAIRE. – Salut Monique, oui ça va et toi ? Qu'est ce qui t'arrive ? T'as l'air toute... époustillée !

MONIQUE. – Époustillée ?

CLAIRE. – Un mélange d'ébouriffée, époustouflée et émoustillée.

MONIQUE. – Figure-toi que je suis Pierrot.

CLAIRE, *la regardant de haut en bas.* – Ah pardon, je t'avais pris pour Monique, t'es bien déguisé dis donc.

MONIQUE. – Mais non, je le suis, du verbe suivre ! Je le file, je le surveille !

CLAIRE. – Ah d'accord, et tu t'amuses bien ?

MONIQUE. – Ah ça, il en accomplit de belles avec ton père, crois-moi !

CLAIRE, *indifférente.* – Ah bon…

MONIQUE. – Ton père fait croire à ta mère qu'il a disparu, il n'est pas rentré hier soir ni cette nuit, il a monté ce coup-là avec Pierrot, il a parié son livret A que ta mère serait folle d'inquiétude, et moi j'ai découvert le pot-aux-fleurs, et j'ai averti ta mère pour qu'elle lui donne une bonne leçon. Heureusement que je suis là.

CLAIRE. – Passionnant.

MONIQUE. – C'est tout l'effet que ça te fait ?

CLAIRE. – Pour être franche, Monique, j'en ai tellement marre de les entendre se disputer à longueur de journée, que ça ne m'intéresse pas du tout, cette histoire de plus pour tenter de manipuler l'autre, ou de lui pourrir la vie.

MONIQUE. – M'enfin tu te rends compte ? Lui manigancer un coup pareil ? Tu ne vas pas te ranger de son côté quand même ?

CLAIRE. – Moi je suis neutre, je ne me positionne ni d'un côté, ni de l'autre, ils se valent ! Quand c'est pas un qui déclare la guerre, c'est l'autre qui lance une bombe, je suis habituée à leur manège et je trouve que c'est un beau gâchis. Pas question que j'intervienne, ni que je me mêle de leurs affaires. Je ne veux même pas en savoir plus, tu vois !

MONIQUE. – M'enfin quand même, ce sont tes parents !

CLAIRE. – Oui, je sais. Mais on se demande d'ailleurs comment ils en sont arrivés, un jour, à me fabriquer !

MONIQUE. – C'est l'âge, ils ne se supportent plus.

CLAIRE. – Bien sûr que si, ils s'aiment, sinon ils ne se démèneraient pas autant pour attirer l'attention de l'autre ! Mais hors de question pour eux de se l'avouer ! Cela dit, ça les maintient jeunes, tant de créativité ! Ah ils en trouvent des idées pour se provoquer mutuellement et susciter l'intérêt de l'autre !

MONIQUE. – Ah tu vois les choses comme ça, toi ?

On sonne, Claire ouvre.

CLAIRE. – Ah, te voilà Josy !! Entre !

JOSY. – Bonjour !

MONIQUE. – Ah mais c'est Josy ! L'amie de longue date, toujours fidèle ! Il y a des mois que je ne t'ai pas revue, ça va ?

JOSY. – Bonjour Monique…

CLAIRE. – Vite, assieds-toi et raconte ! Monique, je te résume : Josy a rencontré un garçon charmant sur internet hier, et ils avaient rendez-vous ce matin dans un café !

MONIQUE. – Ça ne traîne pas avec toi ! Tu vas vite en besogne dis-moi !

JOSY. – Oui enfin on a tchatté toute la nuit, quand même…

MONIQUE. – Ah, et vous avez chanté quoi ?

CLAIRE. – « Tchatté », Monique! Ça veut dire qu'ils ont communiqué, par écran interposé, en direct, toute la nuit, ils ont fait amplement connaissance, tu saisis?

MONIQUE. – Ouais, méfiance, méfiance, j'en connais une comme ça, qui avait « chatté » tout l'été, et qui se trouva fort dépourvue, quand la bise fut venue!

JOSY. – Hein?

CLAIRE. – Laisse tomber, elle plaisante, bon alors raconte!!

JOSY. – Y'a rien à raconter. Nul. Nul. Nul.

CLAIRE. – Comment ça, nul?

JOSY. – Conversation stérile, totalement obsédé de légumes, le gars!

MONIQUE. – Obsédé de légumes?

CLAIRE. – Un maraîcher, passionné par son métier apparemment.

JOSY. – Incroyablement ennuyeux! Y'a que ses laitues qui comptent, ses haricots, et la taille que doit atteindre la courgette, et à quel moment il faut ramasser le chou, et gna gna gna, et le céleri grave, et le céleri pas grave… Oh la barbe!!

CLAIRE. – Mais physiquement, il était peut-être intéressant quand même… non?

JOSY. – Mais qu'est-ce que tu veux que je fasse avec un mec qui sent l'endive?

CLAIRE. – Comment ça « qui sent l'endive »? Ça sent rien, une endive!

MONIQUE. – Ça dépend! Une endive braisée, ça sent très bon!

CLAIRE. – Ouais ben c'est pas demain qu'on va la braiser, elle. Hein Josy!

JOSY. – Oh, ça va… J'en ai ras le bol de tous ces mecs à la mord-moi le nœud!

MONIQUE. – Ah ça! J'étais juste en train de raconter à Claire les nouvelles frasques de son père et de Pierrot, et…

CLAIRE. – Stop! Je ne veux pas le savoir, Monique.

MONIQUE. – Bon, bon!!(*On frappe à la porte.*)

CLAIRE. – C'est sûrement le plombier, il a dit qu'il faisait juste un aller-retour chez lui pour chercher quelque chose qui lui manquait.

Elle ouvre. Entrée du plombier.

LE PLOMBIER. – Me revoilà, bonjour mesdames, j'ai ramené un joint! (*Il file dans la salle de bain.*)

JOSY, *sans avoir regardé le plombier*. – Ah c'est une bonne idée ça! Je fumerais bien un « tétard » moi aussi! J'en ai bien besoin, tiens.

MONIQUE. – Tu fumes des têtards, toi?

CLAIRE. – Il faut que je t'explique, Monique, en fait Josy ne peut plus prononc…

MONIQUE, *elle ne l'écoute pas et coupe*. – Et t'achètes ça où? En animalerie?

JOSY. – Non, en fait je voulais dire…

MONIQUE, *la coupant*. – Jamais entendu parler de ça, mais ils font tellement de nouveautés, maintenant… Tout peut se fumer, finalement, en fait!

CLAIRE. – Oui, même le saumon !

MONIQUE. – Ah bon ??

CLAIRE. – Le saumon fumé, tu connais pas ?

Josy se retient de rire.

MONIQUE. – Ah mais… on achète ça au même endroit alors ?

CLAIRE. – Ben écoute, la prochaine fois que tu vas chez ton poissonnier, demande-lui s'il peut te vendre des têtards pour les fumer… tu verras bien ce qu'il te répondra.

MONIQUE. – Oui mais je ne saurai pas préparer ça !

CLAIRE, *gardant toujours son sérieux.* – Josy t'expliquera. (*Josy lui donne un grand coup de coude.*)

Entrée du plombier.

LE PLOMBIER. – Excusez-moi, je sais que ça m'regarde pas, mais elle n'est pas revenue votre mère ? (*Josy le découvre pour la première fois et reste bouche bée.*)

CLAIRE. – Non, pas encore, pourquoi ?

LE PLOMBIER. – Non, comme ça… Mais y'avait une ambulance devant la banque quand je suis passé, je me suis dit… je me suis dit…

JOSY, *sous le charme.* – Vous vous êtes dit quoi ?

LE PLOMBIER. – Ben je me suis dit… « Tiens, une ambulance devant la banque ! »

MONIQUE. – Et vous n'avez pas vu Madame Lorgnet sur le chemin du retour ?

Le plombier. – Ben non. Mais bon, c'était pas forcément pour elle, hein ! Je vous dis juste ça comme ça !

Il disparaît à nouveau côté chambres.

Monique, *affolée.* – C'est pas vrai ! Je savais que ça tournerait mal cette histoire, je suis sûre qu'il est arrivé quelque chose à ta mère ! Voilà, voilà où on en est, à cause de satanés bonhommes qui pensent qu'à eux, maintenant ta mère agonise à l'hôpital, si ça se trouve elle a fait une crise cardiaque devant le guichet, ou…

Claire. – Monique ! On respire, et on se calme !

Monique. – Ou un AVC ! Ou une hémorragie du cervelet, ou une crise d'angoisse ou d'hémorroïdes !

Claire. – On n'appelle pas une ambulance pour une crise d'hémorroïdes !

Monique. – T'en sais rien ! Imagine que ce soit une crise mortelle ! Ou que les hémorroïdes aient explosé avec une poussée de tension ?... Ou même qu'elles se soient révélées vénéneuses !

Josy. – Des hémorroïdes vénéneuses ? N'imtorte quoi…

Monique. – Et si elle a eu un infarctus ou je ne sais quoi !? Et peut-être même qu'ils n'ont pas réussi à la réanimer, et à l'heure qu'il est, elle est déjà… oh mon Dieu mais comment tu fais pour rester aussi calme ?! Si ça se trouve, elle a fait une crise d'épilepsie et elle a avalé sa langue !

Claire. – Ah non, ça, ça ne risque pas…

Monique. – On ne peut pas rester là à attendre, non, c'est pas possible !! Allez Claire, viens avec moi, on part à sa recherche. (*Elle sort sans attendre.*)

CLAIRE. – Oh ces parents ! Qu'ils sont fatigants ! Vivement que j'emménage !

JOSY. – Bon moi je reste là, si jamais y'a un coup de fil, on ne sait jamais.

CLAIRE. – Oui, et puis comme ça tu surveilles le plombier aussi.

JOSY. – Oui, je vais garder un œil sur lui… ou s'il a besoin d'aide ou…

CLAIRE. – C'est ça, besoin d'aide… (*Moqueuse.*) Tiens, d'ailleurs tu pourras même l'aider à se rhabiller, son bleu de travail doit être sec maintenant, il est dans le sèche-linge… Ben oui il s'était aspergé… Allez à plus tard…

> *Sortie de Claire. Une fois la porte fermée, Josy se recoiffe, réajuste ses vêtements, défait un bouton de son chemisier… et se dirige vers la salle de bain.*

JOSY, *féline.* – Monsieur ? Je vais vous redonner vos habits tout secs et tout chauds… J'arrive !

RIDEAU

ACTE III

Le rideau s'ouvre et Josy revient de la salle de bain, toute décoiffée, elle se rhabille, rêveuse, et béate. Le plombier arrive derrière elle, finissant de se rhabiller également, avec l'attitude et la fierté du devoir accompli.

JOSY. – Ouh là, eh bien je suis fatiguée moi.

LE PLOMBIER. – Ben moi je suis content !… Un peu surpris, tout de même, mais bon…

JOSY. – Vraiment ?

LE PLOMBIER. – Ben disons que dans notre métier, on ne rencontre pas des occasions comme ça tous les jours. C'est un peu déroutant…

JOSY. – Vous ne m'aviez pas l'air si dérouté que ça, tout à l'heure !

LE PLOMBIER – Je crois qu'on peut se tutoyer après un épisode pareil ! Pas dérouté ? C'est-à-dire que j'ai su réagir vite ! J'avais même plutôt intérêt !

JOSY. – Du coup on n'a pas vu le temps passer ! Quelle heure il est ?

LE PLOMBIER. – 18 heures.

JOSY. – Hein?? Non mais c'est incroyable! Personne n'est revenu depuis ce matin?

LE PLOMBIER. – Ah oui c'est bizarre.

JOSY. – Même Claire n'a pas appelé pour me tenir au courant. C'est pas normal!

LE PLOMBIER. – Bon moi j'ai encore la chasse d'eau à réparer, puis je vais y aller.

JOSY. – J'ai pas envie que tu t'en ailles…

LE PLOMBIER. – T'as bien un petit « chez toi »?

JOSY. – Oui…

LE PLOMBIER. – Et t'aurais pas, à tout hasard, un tout petit problème de lavabo?

JOSY, *s'approchant de lui amoureusement.* – Oh si j'ai plein de problèmes avec mon lavabo… (*Elle l'enlace.*) Tu vas venir voir ça?

LE PLOMBIER. – Bien sûr…

Ils s'apprêtent à s'embrasser quand la porte d'entrée s'ouvre brusquement. Entrée de Claire.

CLAIRE. – Ah! Je dérange peut-être? (*Les deux tourtereaux sont un peu gênés.*)

JOSY. – Non c'est bon, on avait fini de… discuter.

CLAIRE. – Je vois!! Alors je comprends pourquoi vous êtes encore là, vous!

LE PLOMBIER. – Ben disons qu'on a eu une conversation un peu longue. Mais ne vous inquiétez pas, ça ne sera pas facturé.

CLAIRE. – J'espère bien ! Il manquerait plus que ça !

JOSY. – Bon alors, quelles sont les nouvelles ?

CLAIRE. – Aucune. Maman est introuvable.

LE PLOMBIER. – Mais, et l'ambulance alors ?

CLAIRE. – L'ambulance est venue pour une cliente de la banque qui a eu un problème, mais on n'en sait pas plus. Ils n'ont pas voulu nous dire. Mais apparemment, maman s'y est effectivement rendue ! Et c'est à la sortie qu'elle s'est volatilisée !

JOSY. – Mais il y a sûrement une explication !

LE PLOMBIER. – Vous êtes allée à la police ?

CLAIRE. – Oui, on a signalé sa disparition, mais ça n'a pas l'air de les intéresser beaucoup.

LE PLOMBIER. – Vous êtes inquiète ?

CLAIRE. – Je suis plus agacée qu'inquiète, à mon avis, elle veut jouer au jeu de mon père, et fait croire elle aussi qu'elle a disparu. Ils ne savent plus quoi inventer tous les deux.

JOSY. – Tu crois vraiment que c'est ça ?

CLAIRE. – J'espère.

LE PLOMBIER. – Bon moi je finis mon boulot dans les toilettes, puis je vais vous laisser.

CLAIRE, *moqueuse*. – Quelle grosse journée de travail hein ? (*Le plombier sourit, gêné, et va dans les toilettes. À Josy.*) Dis donc, toi !

JOSY. – Ah non mais là, j'ai eu un coup de foudre.

CLAIRE. – Eh bien !

Josy. – Je ne peux pas t'expliquer. Une pulsion.

Claire. – Une quoi?

Josy. – Une pulsion.

Claire. – Répète-moi ça!!?

Josy. – Ben quoi? Une pulsion! Une… oh!!! Une pulsion avec un P!!! Oh c'est revenu!! Je suis guérie!

Claire. – C'est génial! T'as trouvé un remède efficace dis donc

Josy. – Je suis amoureuse.

Claire. – Doucement ma belle, tu ne le connais que depuis ce matin!

Josy. – Oui mais j'ai ressenti une telle attirance dès que je l'ai vu! Et quand il a enfilé son bleu de travail, alors là, alors là… ça m'a rendue dingue.

Claire. – Eh bien si tu savais que cet uniforme de travail te mettait dans cet état, pourquoi tu n'as pas recherché directement un mécanicien, ou un ouvrier en bâtiment, ou je ne sais quoi encore, y'en a plein des hommes en bleu de travail!

Josy. – Mais je ne le savais pas, moi! Je l'ai découvert tout à l'heure!

Claire. – Bon eh bien écoute : tous mes vœux de bonheur, le principal c'est que tu sois guérie, et heureuse!

Josy. – Ah oui je suis sur un nuage. En plus un plombier, franchement c'est un métier noble.

Claire. – Euh… Oui, si on veut… Et comment s'appelle-t-il alors?

Josy, *béate.* – Maurice. Comme l'île ! Ça fait rêver hein !

Claire. – Euh… oui…

Josy. – Mais Monique, elle est où, au fait ?

Claire. – Elle arrive. Elle passait chez elle voir si les hommes s'y trouvaient, pour les prévenir.

> *On frappe à la porte et Claire ouvre. Entrée de Monique, bien remontée, et de Pierrot.*

Pierrot. – Mais pourquoi tu me fais venir ici ? Tu pouvais pas me dire ce que t'avais à me dire à la maison ?

Monique – Non. Où est Robert ?

Pierrot. – Mais j'en sais rien moi ! Tu me fais venir chez Robert pour me demander où est Robert ?

Monique. – Arrête ton petit jeu tout de suite. J'ai tout découvert. Je sais que Robert a parié qu'Yvonne se ferait une bile pas possible si son mari disparaissait, et que tu l'as planqué dans la cave !

Pierrot. – Quoi ? Mais non !

Monique. – Si ! Je vous ai entendu la nuit dernière ! Vous avez même parié le livret de Robert !

Pierrot. – Ah.

Monique. – Oui « ah » ! Son livret « A » !

Pierrot. – Oh mais pupuce, c'était pour rigoler…

Monique. – Est-ce que tu vois, ici, des gens que ça amuse ?

> *Pierrot regarde les 3 femmes, toutes sérieuses, les bras croisés et le visage fermé, qui le regardent avec insistance.*

Pierrot. – Non mais c'est pas moi qui ai eu l'idée hein !

Monique. – Et il est où, le créateur de génie ?

Pierrot. – Il n'a pas voulu venir... Il espère qu'Yvonne va s'inquiéter, parce que je lui ai dit que ce matin, elle était soulagée qu'il ne soit pas rentré. Alors il persiste.

Claire. – Mon père est un vrai gamin ! On se croirait en maternelle !

Monique. – Eh bien tu vas pouvoir lui annoncer que sa femme a disparu !

Pierrot. – Quoi ? Comment ça ?

Monique. – S'il veut connaître la suite, qu'il vienne.

Pierrot – Ça, c'est un coup monté pour le piéger.

Josy. – Non, pas du tout. Elle a disparu depuis ce matin.

Claire. – On a déjà entrepris des recherches, pour l'instant on ne sait pas ce qui s'est passé.

Pierrot. – Vous êtes sérieuses, là ? Mais qu'est-ce que je vais dire à Robert ?

Claire. – Va le chercher, Pierrot. Dis-lui que c'est moi qui te le demande.

Pierrot. – Bon sang de bonsoir (*Il sort, affolé.*)

Josy. – Vous croyez qu'il va ramener Robert ?

Monique. – Oh oui ! En moins de 5 minutes !

Josy. – Heureusement que vous habitez à côté !

Monique. – Il commence à être tard, je suis vraiment inquiète. Elle n'est pas à l'hôpital, on y est passées tout à l'heure. Pas d'accident signalé, rien. Et dans l'ambulance ce n'était pas elle. Mais qu'est-ce qui a bien pu se passer !!?

Josy. – On l'a peut-être enlevée…

Claire. – Si c'est le cas, les ravisseurs vont la ramener vite fait quand ils vont voir à qui ils ont affaire !

Josy. – Sauf si ce sont des extra-terrestres !

Claire. – Josy… on aurait vu la soucoupe !

Monique. – Et si elle avait fugué ?

Claire. – Elle aurait pris des affaires.

Monique. – Oh mon Dieu… mon Dieu… alors il n'y a plus qu'une seule possibilité.

Josy. – Laquelle, Monique ?

Monique. – Elle a voulu mettre fin à ses jours.

Claire. – Mais non voyons, c'est pas du tout son genre.

Entrée fracassante de Robert, suivi de Pierrot.

Robert. – Claire ! Qu'est-ce qui se passe ? Pierrot m'a dit que tu me demandais en urgence et que c'était très grave !

Claire. – Oui, maman a disparu.

Robert. – Comment ça « disparu » ?

Monique. – Disparu, « piouf », comme ça, tu vois ? Depuis ce matin.

Josy. – Et on ne l'a pas revue de la journée.

Robert. – Nom d'une truite, mais vous avez appelé la police ?

Monique. – On a donné son signalement oui.

ROBERT. – Et les hôpitaux, vous avez contacté les hôpitaux ?

CLAIRE. – Oui, tous ceux des alentours.

MONIQUE. – Moi je me demande si elle n'est pas partie dans l'intention de mettre fin à sa vie.

ROBERT. – Quoi ? Non mais ça va pas la tête !

MONIQUE. – Faut dire qu'avec tes conneries de lui faire croire que t'as disparu, hein !! C'est pas malin !!

PIERROT. – Ça ne peut pas être ça, elle n'était pas inquiète du tout ce matin ! En plus elle était avec un homme.

ROBERT. – Quoi ??

PIERROT. – Ben oui quand je suis venu ce matin, y'avait un homme dans votre chambre, et c'était chaud la conversation, je peux te le dire !

MONIQUE. – Mais qu'est-ce que tu racontes, toi ?

PIERROT. – Je te dis que c'est la vérité ! Il l'attendait de l'autre côté, il ne savait pas que j'étais là, et il lui disait des trucs cochons !

CLAIRE. – Comme quoi ?

PIERROT. – Ah non, c'est trop gênant. Je peux pas… Il disait que ça avait giclé partout, et qu'il avait pas prévu ça comme ça et tout, et qu'il était tout mouillé, et… ah non, non, je peux pas en dire plus.

CLAIRE. – Toi, tu es arrivé au moment où le plombier travaillait dans la salle de bains !! Il est venu pour réparer la douche !

MONIQUE. – Ah t'es doué pour foutre la merde, toi !

PIERROT. – Un plombier ? Ah ?... Ah ben pourtant j'ai cru…

MONIQUE. – Oui ben arrête de croire ! Vous vous imaginez des choses, vous les bonhommes, c'est pas Dieu possible ! Alors qu'en ce moment même, Yvonne est peut-être en train d'agoniser dans un caniveau, les tripes à l'air, appelant au secours et personne ne l'entend, ou elle est déjà morte et en train de se décomposer…

PIERROT. – Et c'est moi qui me fais des films ?

ROBERT. – Arrête Monique, dis pas des choses pareilles. Je ne peux pas entendre ça. Je m'en vais.

CLAIRE. – Tu t'en vas ? Mais tu t'en vas où ?

ROBERT. – Il faut que je réfléchisse. Mon cerveau est tout mélangé. J'ai besoin de faire du tri.

MONIQUE. – Tu ne pars pas à la recherche d'Yvonne ?

ROBERT. – Je me sens mal. Faut que je prenne l'air. Je vais à la pêche. C'est toujours là que j'ai des illuminations.

CLAIRE. – Eh bien essaie de les sortir avant Noël celles-là ! Ça nous rendra service !

Sortie de Robert, qu'on devine très inquiet.

JOSY. – Bon, et nous, comment on s'organise ?

CLAIRE. – On va avec Monique retracer son parcours, questionner des gens, voir si on peut trouver des éléments nouveaux. Pierrot tu vas prendre un autre circuit que le nôtre. On se retrouve dans une heure pour le bilan.

PIERROT. – Je viendrai dire à Josy si j'ai du nouveau, mais sinon j'irai rejoindre Robert, je ne veux pas qu'il fasse une bêtise, on ne sait jamais ce qui peut lui passer par la tête.

CLAIRE. – D'accord. Josy, tu veux bien rester là ? Au cas où quelqu'un téléphone, ou même maman…

JOSY. – Oui, pas de souci.

CLAIRE. – Et tu es sage hein ? Doucement avec le beau Maurice !

JOSY. – Oh ben pour l'instant il est occupé à la chasse…

MONIQUE. – Maurice qui ?

CLAIRE. – Le plombier.

MONIQUE. – Il est chasseur ?

CLAIRE. – Mais non Monique.

PIERROT. – Tu l'appelles Maurice ?

JOSY. – Non, c'est pas moi. Il s'appelle vraiment comme ça.

MONIQUE, *comprenant enfin la situation.* – Ne me dis pas…

CLAIRE. – Allez on y va, pas de temps à perdre !

Sortie de Claire, Pierrot et Monique. Le plombier réapparaît.

LE PLOMBIER. – Voilà, c'est réparé la chasse. Bon eh bien, je crois que ma journée est finie…

JOSY. – Tu ne vas pas me laisser toute seule ? En plus avec tout ça, on a sauté le repas de ce midi. T'as pas faim ?

LE PLOMBIER. – Ah si, j'ai un p'tit creux.

JOSY. – En attendant les nouvelles, on va se manger un petit quelque chose, d'accord ? Ils doivent bien avoir quelque chose qui traîne. Je vais aller voir en cuisine.

Sortie de Josy. Le plombier sort un portable de sa poche et compose un numéro. Il se retourne régulièrement pour voir si Josy ne rentre pas.

LE PLOMBIER. – Allo Hervé... Oui c'est moi. Bon alors t'en es où? Tu l'as chopée ou pas?... Raconte... Combien y'avait sur le livret? 15 000 euros? Yeaahh!!!... En cash? Ah super, bien joué! C'était difficile ou pas?... Ouais... Mmh... Tu l'as suivie à la sortie de la banque... d'accord... dans une petite rue... Tu lui as piqué son sac... d'accord... Tu ne lui as pas fait de mal hein?... Bon tant mieux. Elle criait? Ben oui, elle d'vait pas être contente... Elle disait plein de gros mots? Oh ben c'est pas grave ça... Tu t'es pas fait repérer?... Bon tant mieux... Mais elle n'est pas rentrée, là. Nan... nan tout le monde la recherche... Ils ne savent pas où elle est. Ben oui c'est bizarre... T'es sûr qu'elle n'a pas fait un malaise ou... Ouais... bon ben impeccable. (*Entrée de Josy tout sourire, il ne la voit pas.*) Moi? Ah une super journée mon pote! J'ai fait une rencontre, mieux que dans les films! J'étais en train de réparer la douche, et une nana m'a littéralement sauté dessus! (*Josy se cache un peu pour écouter.*) Ouais!! Ah ben tu penses... J'allais pas dire non, hein! Ouais pas trop mal. Un gros cul mais bon... (*Josy est outrée.*).. Non mais je sais bien qu'on n'est pas des voyous, Hervé... Mais oui mais bon, une occaze pareille, on n'allait pas louper ça quand même! C'est pour ça que je t'ai appelé ce matin après avoir entendu sa conversation avec son banquier... Mais t'inquiète pas, tu parles, ils sont pleins de fric... Eh ben ça lui apprendra à vouloir retirer un livret A en espèces! Elle tente le diable aussi... (*Josy est pétrifiée.*) Bon et il est où le pognon? Ouais, je crois que t'as raison de pas vouloir le garder chez toi... Nan ben attends j'ai une idée. Tu me déposes la moitié dans un sac en plastique, dans la poubelle au coin de la rue Pivoine. Ouais, la petite rue, y'a une poubelle en bois au bout, y'a jamais personne par là. Je passe le récupérer dans une heure, ok?... Ça marche. Merci vieux. Je te laisse, là, faut pas que je prenne de risques. (*Josy repart discrètement en cuisine.*) Oui, à plus tard. Tchao.

Josy. – Attention j'arrive ! (*Elle entre avec un plateau garni.*) Voilà, j'ai trouvé ça.

Le plombier. – Eh bien ! C'est vraiment mon jour de chance alors ! (*Il tente de l'embrasser mais elle est distante.*) Qu'est-ce qu'il y a ? Ça ne va pas ?

Josy. – Hum, si si, mais… Je ne te cache pas que je suis un peu inquiète pour Yvonne.

Le plombier. – Oh, t'en fais pas, je suis sûr qu'ils vont la retrouver en bon état, et qu'elle n'a rien.

Josy. – Comment peux-tu le savoir ?

Le plombier. – Je le sens.

Josy. – Alors, parle-moi un peu de toi, je ne connais rien de toi.

Le plombier. – Je crois qu'au contraire, tu connais le principal !

Josy. – Mais euh… Raconte un peu plus, qu'on fasse connaissance ? Tu es célibataire ?

Le plombier. – Oui.

Josy. – Tu vis seul alors ?

Le plombier. – Non, avec ma sœur. Enfin chez ma sœur exactement. Pour le moment. J'ai pas encore d'appart à moi. Mais je ne suis pas contre une petite place chez toi…

Josy. – Ah… faut voir, faut voir… Allez ça s'arrose ! Allez je vais t'offrir un petit apéro, ça va nous détendre, hein !

Le plombier. – Ah mais je suis détendu moi. (*Elle lui sert une bonne dose et se sert un tout petit peu.*) Très détendu même… (*Il tente un rapprochement.*)

Josy. – Allez tchin !

LE PLOMBIER. – À la tienne. Mais je ne vais pas pouvoir rester longtemps tu sais…

JOSY. – Oh, tu as le temps… Tu vas pas me laisser toute seule comme ça, à attendre, désespérée?

LE PLOMBIER. – Oh ben non…

JOSY. – Et sinon, tu fais quoi… à part plombier?

LE PLOMBIER. – Pourquoi? Tu trouves que ce n'est pas un métier à part entière?

JOSY. – Si si, mais c'est pour connaître tes goûts, tes loisirs…

LE PLOMBIER. – Mes loisirs? Ah… Les maquettes!

JOSY. – Les maquettes… de bateaux?

LE PLOMBIER. – Non, d'avions. Principalement des modèles entre 1928 et 1937.

JOSY, *désespérée.* – Pff… Oh là là…

LE PLOMBIER. – Ben quoi, t'aimes pas les maquettes?

JOSY, *elle se lève et parle discrètement au public.* – J'ai encore tiré le gros lot moi. (*Elle se place derrière lui et lui masse les épaules.*) Oh comme c'est dommage Maurice…

LE PLOMBIER. – Qu'est-ce qui est dommage, ma p'tite caille?

JOSY. – Je te trouve tellement beau… Détends-toi, j'arrive. (*Elle le lâche et se dirige vers un meuble où se trouve une bouteille.*)

LE PLOMBIER. – Tu vas où?

JOSY. – Détends-toi, et ferme les yeux, tu triches pas hein?

LE PLOMBIER. – Oh oh… Qu'est-ce que tu me prépares petite coquine?

Josy. – Tu ne triches pas hein ? Promis ?

Le plombier. – Je ne triche pas. (*Il ferme les yeux, elle arrive derrière lui et lui fracasse la bouteille sur la tête, il tombe raide par terre, inconscient. S'il est trop difficile de trouver une bouteille cassable, prendre un autre objet.*)

Josy. – Fallait pas dire que j'avais un gros cul ! (*Elle prend son sac et sort.*)

Noir sur la scène pendant quelques secondes, pour marquer un laps de temps qui passe. Quand la lumière revient, le plombier est toujours allongé par terre. Entrée de Claire et Monique.

Claire. – Josy ? Ah !! Ah mon Dieu ! Mais qu'est-ce qui s'est passé ici ? (*Elle s'agenouille auprès de lui et lui donne des petites claques pour le ranimer.*)

Monique. – Mais qu'est-ce qu'il a, lui ? Ah la la, mais comme si on avait pas assez de problèmes comme ça ! Ils tombent comme des mouches avec Josy, dis-moi !

Claire. – Tu peux regarder si elle est dans la maison, s'il te plait ? (*Monique s'exécute et visite les pièces une par une. Le plombier revient à lui peu à peu.*) Monsieur ? Monsieur ! Euh… Maurice ! Qu'est-ce qui se passe ?

Le plombier, *vaseux.* – Il est quelle heure ?

Claire. – 20 heures, mais qu'est-ce qui s'est passé ?

Le plombier. – Aïe… Il faut que je rentre, il faut que j'aille à la poubelle.

Claire. – Oh la la, il délire. Mais non, vous n'allez pas aller à la poubelle, vous n'êtes pas une ordure, je suis sûre que vous êtes quelqu'un de bien… Vous allez m'expliquer ce qui s'est passé ? Où est Josy ?

LE PLOMBIER. – Ben je sais pas moi… On était là en train de vous attendre, de grignoter un morceau, et tout à coup, paf, je me rappelle plus.

CLAIRE. – Paf quoi ?

LE PLOMBIER. – Paf comme ça, sur la tête.

MONIQUE, *entrant à nouveau.* – Elle n'est nulle part !

CLAIRE. – Où est Josy ?

LE PLOMBIER. – Mais j'en sais rien, je vous dis ! J'sais pas où elle a disparu, moi !

CLAIRE. – Bon ça commence à bien faire tous ces gens qui disparaissent les uns après les autres ! Y'en a marre !

LE PLOMBIER. – Je ne comprends pas ce qu'il y a eu, mais en tout cas, une chose est sûre, c'est que je dois vraiment m'en aller, là.

CLAIRE. – Non non, pas dans cet état. Vous restez là. Qui vous a frappé sur la tête ?

LE PLOMBIER. – Ben… j'sais pas.

CLAIRE. – Bon, asseyez-vous et buvez un petit truc pour vous remonter. C'était votre verre, là ?

LE PLOMBIER. – Oui, mais faut que je m'en aille.

CLAIRE. – Quand je serai sûre que vous allez mieux, je vous laisserai partir. Et quand je saurai ce qui est arrivé. Allez buvez.

LE PLOMBIER. – Mais euh… Vous avez retrouvé votre mère ?

MONIQUE. – Non, on ne l'a pas retrouvée, mais on est retournés au commissariat, cette fois, ils sont sur le coup. Surtout que la nuit commence à tomber, çà devient vraiment inquiétant.

CLAIRE. – Pierrot ne devrait pas tarder non plus, ça fait bien une heure qu'il a rejoint papa maintenant !

MONIQUE. – Mon Dieu, j'ose à peine imaginer la nuit qu'on va passer ! Et tout ça, c'est la faute à ton père !

CLAIRE. – Bon Monique, on n'en est pas à l'heure du procès ! On reste concentrées ! Tiens tu peux aller me chercher de la gaze dans la boite à pharmacie, y'a quand même une blessure à la tête, il va falloir bander !

LE PLOMBIER. – Ah non, j'vais pas pouvoir, j'crois.

MONIQUE. – Mais qu'il est con, lui, alors... (*Elle va chercher de la bande, de l'adhésif et la tend à Claire.*)

CLAIRE. – Tenez, installez-vous là. Bon, vous allez m'expliquer ce que vous avez fait de ma copine ? Vous aviez pourtant l'air de bien vous entendre, non ?

LE PLOMBIER. – Ah ça oui, on s'est bien entendus. (*Elle commence le bandage.*) Faut dire, entre nous, qu'elle n'est pas farouche, votre copine.

CLAIRE. – Elle a énormément besoin d'amour, elle sort d'une rupture douloureuse.

LE PLOMBIER. – Ah bon ? Ben on dirait pas !

CLAIRE. – J'espère que vous n'allez pas lui briser le cœur ! (*Elle continue de faire le tour de la tête avec la bande.*)

LE PLOMBIER. – Pourquoi vous dites ça ?

CLAIRE. – Sinon elle sera encore à ramasser à la petite cuillère, alors vous avez profité de son moment de faiblesse, c'est très bien, mais si vous n'avez pas l'intention d'aller plus loin, ne la faites pas souffrir ! (*Elle s'énerve et ses mouvements deviennent moins doux.*) Parce qu'on commence à vous connaître, vous les mecs, vous êtes là, comme ça, tout gentils, et puis vous profitez de la situation, et puis après « piouf » !

LE PLOMBIER. – Piouf ?

CLAIRE, *continuant son bandage qui commence à être volumineux.* – Oui, piouf ! Parfaitement ! Mais la pauvre Josy, elle ne va plus supporter ça longtemps, elle tombe toujours sur des hommes... (*Cherchant un qualificatif mais ne trouvant pas.*) Pff, jamais de bol, alors si pour une fois elle pouvait avoir un peu de chance, parce que là, y'en a assez !

LE PLOMBIER. – Oui je crois qu'il y en a assez, là.

CLAIRE. – Alors quoi que vous décidiez, soyez gentil, s'il vous plait, soyez élégant, et prenez soin d'elle ! (*Elle continue à faire le tour de la tête, le bandage est énorme et mis n'importe comment.*) Bien entendu ça reste entre nous, je vous dis ça comme ça, j'en profite parce qu'elle n'est pas là.

LE PLOMBIER. – Euh… Oui oui…

MONIQUE. – Euh…. Claire. Ça va aller…

CLAIRE. – Oui ça va ! Bien sûr que ça va ! Mais quand même il y a des choses qui doivent être exprimées. (*Un tour encore.*) Et moi quand j'ai quelque chose sur le cœur, je le dis, je ne garde pas ça dans la tête, après ça prend trop de place, ça encombre et ça pourrit.

MONIQUE. – Tiens, tu veux un morceau de scotch pour finir ?

CLAIRE – Oui, merci. Parce que c'est vrai, on commence à être un peu tous sur les nerfs, là. Bon, ça ira comme ça ?

MONIQUE. – C'est pas forcément discret, mais Claire est généreuse de nature, alors…

LE PLOMBIER. – C'est gentil, merci, ça va beaucoup mieux, alors je vais y aller.

On frappe à la porte et Pierrot rentre directement.

PIERROT. – Bonsoir tout le monde ! Robert est vraiment un pêcheur d'enfer ! Vous ne devinerez jamais ce qu'il a pris !

Robert franchit le seuil, la canne à pêche dans la main, le fil tendu, avec, au bout de l'hameçon… Yvonne.

YVONNE. – Mais tu vas me décrocher, oui ? Tu vas abîmer mon pull !

ROBERT. – Regardez-moi ça, ce gros poisson !

CLAIRE. – Maman ?

MONIQUE. – Vovonne !

CLAIRE. – Mais qu'est-ce que tu fais au bout de l'hameçon ?

YVONNE. – Demande à ton père, il va t'expliquer avec grand plaisir ! (*Apercevant le plombier.*) C'est qui, lui ?

CLAIRE. – C'est le plombier, maman.

YVONNE. – Je l'avais pas reconnu. Pourquoi vous l'avez emballé comme ça ?

MONIQUE. – Il a eu un choc à la tête, on essayait justement de tirer ça au clair.

Le plombier. – Excusez-moi, mais il faut que je parte, la journée a été longue.

Yvonne. – Tu m'étonnes, une journée entière pour une douche ? Vous m'avez changé toute la tuyauterie de la salle de bain ou quoi ?

Claire. – Euh, on t'expliquera maman.

Le plombier. – Je vais vous laisser en famille, maintenant que vous vous êtes retrouvés… Je vous déposerai la facture dans la boîte aux lettres, d'accord ?

Claire. – Non non, vous avez subi un choc, il faut qu'on sache, et en plus c'est dangereux de vous laisser partir dans cet état, vous êtes quand même tombé inconscient.

Le plombier. – Mais je vous assure que ça va aller !

Monique. – Vous n'êtes plus à 2 minutes. Bon, Robert, tu vas nous expliquer, oui ?

Robert. – Ben j'avais décidé de pêcher sur la digue. Mon ami Pierrot venait juste de me rejoindre au clair de la lune, et alors j'ai lancé ma canne, mais le vent a dévié le lancer. J'ai voulu recommencer alors j'ai remouliné un peu, ramenant le fil qui a traîné dans les rochers en contrebas. Tout d'un coup, dis donc, j'ai senti que ça crochetait, ça crochetait, alors je me suis dit que j'avais dû attraper un gros truc, j'ai tiré, ça se débattait, un peu comme un gros bar, mais c'est quand je me suis rappelé que les poissons ça criait pas, que je me suis penché, et j'ai trouvé ce poisson-là.

Monique. – Tu parles d'une touche !

Robert. – Et Pierrot, lui, il a failli prendre une morue !

Monique. – Pourquoi ? Elle était habillée comment ?

CLAIRE. – Mais qu'est-ce que tu faisais dans les rochers, maman?

YVONNE. – Je réfléchissais.

MONIQUE. – Tu sais qu'il y a des endroits moins dangereux pour réfléchir? Et nous on te cherche depuis ce matin! On était fous d'inquiétude, on a imaginé le pire!

CLAIRE. – Ça je te confirme que Monique a beaucoup d'imagination.

YVONNE. – J'ai eu une très forte émotion ce matin, et je ne savais pas comment la gérer. Je suis passée par toutes les phases : la colère, la rage, le désespoir, la honte, la culpabilité.

ROBERT. – Qu'est-ce que je t'avais dit, Pierrot?

YVONNE. – La tristesse aussi.

ROBERT. – Ah ah! Je m'en doutais! T'as vu comme je te connais bien!

YVONNE. – Toi : tu ferais mieux de me décrocher!

ROBERT. – Quoi?

YVONNE. – Décroche!

ROBERT. – Oui attends je vais décrocher. (*Il met le moulinet à la hauteur de son oreille.*) « Alloo? C'est qui au bout du fil? » (*Il se tord de rire.*)

YVONNE, *furax*. – C'est personne! Raccroche!

ROBERT. – Ben faudrait savoir!

YVONNE. – Oh que tu m'énerves! Pierrot aide-moi!

Pierrot essaie d'enlever l'hameçon dans le dos d'Yvonne.

CLAIRE. – Continue maman…

YVONNE, *elle fait les cent pas tout en expliquant, suivie par Pierrot qui tente de lui enlever l'hameçon.* – Après être passée par tous ces états d'âme, il fallait que je me remette de ce qui m'était arrivé, que je vide ma tête et surtout, surtout, que je reprenne mes esprits.

ROBERT. – Je savais bien que tu ne pouvais pas te passer de moi ! Et que t'allais être dans tous tes états ! Je vais même te dire : c'était une blague, j'ai fait exprès de disparaître pour voir ta réaction et j'en étais tellement sûr que j'ai parié toutes mes économies ! Ah ah Pierrot, toi qui as essayé de me faire croire qu'elle était ravie, regarde-moi ça, elle a disparu toute la journée pour me pleurer ! Ah ah ah ! Non mais c'est pas la peine de faire cette tête-là, tu sais !

YVONNE. – Tu ne peux pas voir ma tête, je te tourne le dos !

ROBERT. – Je te connais tellement bien que même de dos, je vois la tronche que tu tires !

MONIQUE. – Ne te réjouis pas trop vite Robert, tu pourrais avoir une surprise !

PIERROT. – Mais ce matin, quand je suis passé, tu avais l'air tellement… heureuse !

ROBERT. – Non mais t'as mal vu toi ! Comme d'habitude tu ne vois pas plus loin que le bout de ton nez !

PIERROT. – Arrête de bouger comme ça, Yvonne ! On dirait une truite toute énervée ! J'arrive pas à t'enlever ce machin.

YVONNE. – Faudrait peut-être que t'arrives à comprendre, que l'émotion forte, c'était pas toi, mon pépère !

ROBERT. – Ah tu parles, t'as disparu toute la journée pour quoi alors? Hein?

YVONNE. – J'ai commencé par aller à la banque.

ROBERT. – Pour quoi faire?

YVONNE. – Pour retirer tout l'argent de ton livret A, bougre d'idiot!

LE PLOMBIER, *de plus en plus mal à l'aise.* – Là, je vais beaucoup mieux, je vais rentrer. (*Il se lève.*)

CLAIRE. – Vous, vous restez là. (*Elle le rassoit.*) Pas bouger!

YVONNE. – Parce que t'es tellement pas discret, dans tes coups foireux, que Monique vous a entendus la nuit dernière, et qu'elle m'a prévenue de votre blague vaseuse, et de l'enjeu du pari! Et comme t'allais perdre, et que je suis encore trop bonne, et que je voulais sauver ton livret A, quelle poire je suis, j'ai voulu tout retirer en espèces, laisser que 10 euros dessus puisque tu n'avais pas dit à Pierrot combien y'avait dessus!

PIERROT. – Alors ça Yvonne, entre nous, t'es vraiment mauvaise joueuse!

ROBERT. – Comment ça : j'avais perdu mon pari?

YVONNE. – Bon le problème n'est plus de savoir, à cette heure de la journée, qui a gagné ou perdu le pari. Le problème est ailleurs.

PIERROT. – Ailleurs, ailleurs, si t'as triché alors là…

MONIQUE. – Tu penses qu'à l'argent toi! L'amitié ça n'a pas de prix! Tu devrais avoir honte!

PIERROT. – Oui mais un pari c'est un pari, s'il a perdu il a perdu, si j'ai gagné j'ai gagné, et puis c'est tout et puis c'est tout!

Monique. – Non mais tu plaisantes ? Non mais tu plaisantes?

Yvonne. – Je disais donc !... Je continue et je vais aller droit au but : je suis sortie de la banque avec 14 990 euros en espèces, et on m'a volé mon sac dans la rue.

Tous. – Quoi ??

Yvonne. – Un gars, qui m'a bousculé, il a dû me suivre, j'en sais rien, et il m'a arraché le sac, puis il est parti en courant, j'ai même pas eu le temps de réagir, de…

Robert. – Tu m'as fait perdre tout mon livret ?

Yvonne. – Ben non puisqu'il reste 10 euros dessus.

Robert. – Mais je vais te tuer, toi !

Claire. – Stop ! Tu as la mémoire bien courte papa ; qui était dans tous ses états tout à l'heure parce que maman était introuvable ?

Robert, *en la pointant du doigt.* – Monique !

Claire. – Toi aussi tu étais bouleversé ! Alors le livret, on s'en fout, vous vous êtes bien fait peur tous les 2, voilà, tout le monde a gagné, et maintenant on va se préparer à manger.

Monique. – Très bonne idée. Je m'en occupe. (*Elle disparaît en cuisine.*)

Yvonne. – Regarde dans le frigo Monique, y'a des restes !

Le plombier. – Je serais bien resté, mais on m'attend. (*Il se lève.*)

Claire, *le forçant à se rasseoir.* – Chht ! Sage !

Yvonne. – Alors comme ça t'étais bouleversé ?

Robert. – Ça va pas non ? Tu crois que je serais allé à la pêche si j'étais vraiment bouleversé ?

Yvonne. – Pierrot, est-ce qu'il était bouleversé ?

Pierrot. – Oh moi je sais plus, hein ! Je vais voir si Monique a besoin d'aide. (*Il sort côté cuisine.*)

Claire. – Ce que vous êtes pénibles tous les 2, c'est pas croyable ! 2 têtes de mules !

Le plombier. – Mais l'ambulance devant la banque, c'était quoi alors ?

Robert. – Ah tiens il se réveille, lui !

Yvonne. – C'est une cliente qui était au guichet d'à côté, enceinte d'au moins 13 ou 14 mois, qui a perdu les eaux.

Le plombier. – Et qu'est-ce qu'elle a perdu comme os ?

Yvonne. – Les eaux ! Pas les os !

Claire. – Vous voyez que ça va pas mieux, vous, hein !

Yvonne. – Donc ils ont appelé une ambulance, forcément.

Claire. – Bon alors maintenant que vous êtes sorti de votre coma, vous allez peut-être me dire ce qui s'est passé, et ce que vous avez fait de Josy ?

Robert. – Josy ? Qu'est-ce qu'elle vient faire là-dedans ?

Yvonne. – Elle n'avait pas rendez-vous avec un velouté aux carottes ?

Claire. – Oh mais il s'en est passé des choses depuis ! N'est-ce pas ? Donc : où est-elle ?

Le plombier. – J'en ai aucune idée! Je vais partir à sa recherche si vous voulez.

On sonne à la porte. Robert ouvre. Entrée de Josy.

Robert. – Quand on parle du loup!

Josy. – Ah ça y est! Vous êtes tous là! Qu'est-ce qui s'est passé alors?

Claire. – On t'expliquera! Tout est rentré dans l'ordre! Il ne reste plus qu'un seul souci : maman s'est fait piquer son sac ce matin, avec la totalité du livret A de papa : 15 000 euros.

Yvonne. – 14 990…

Robert. – Oh ça va hein! C'est pas le moment de nous la jouer « précision suisse »!

Claire. – Mais ou étais-tu? Et pourquoi on a trouvé ton plombier avec le crâne fracassé, inconscient au milieu de la pièce?

Josy. – C'est moi qui l'ai mis dans cet état.

Le plombier. – Quoi?

Yvonne. – C'est à cause de toi qu'il a une tête d'œuf?

Josy. – Ça me rappelle ce que disait ma grand-mère : « un œuf pourri est un œuf pourri, même si c'est un œuf de Pâques ».

Robert. – Ah! Mais tu refais des « p »!! Il est fini ton traumatisme?

Josy. – Oui, il faut croire que j'ai trouvé un remède radical.

Robert. – Dommage c'était rigolo.

Yvonne. – Bon tu arrêtes de l'interrompre sans arrêt? C'est quoi cette histoire d'œuf pourri?

CLAIRE. – C'est toi qui l'as assommé?

JOSY. – Il a dit que j'avais un gros cul!

ROBERT. – T'es bien susceptible…

LE PLOMBIER. – Mais j'ai jamais dit ça!

YVONNE. – Je comprends rien du tout, moi.

CLAIRE. – On t'expliquera, maman!

YVONNE. – On m'expliquera, on m'expliquera! Pour l'instant on m'explique rien du tout en me répétant qu'on m'expliquera! J'aimerais bien qu'on m'explique pourquoi on m'explique rien!

LE PLOMBIER. – Moi non plus je ne comprends rien, parce que j'ai jamais dit que t'avais un gros… un gros…

YVONNE. – Vous la tutoyez? Mais… Vous vous connaissez?

CLAIRE. – On t'expliquera, maman.

YVONNE, *râlant.* – Oooh!!!

JOSY. – Qui a appelé son copain au téléphone tout à l'heure? Pour lui raconter ses exploits de la journée?

LE PLOMBIER. – Mais…

JOSY, *elle le coupe.* – Qui a manqué de délicatesse, de discrétion, de respect, de courtoisie et d'intelligence en croyant être malin?

LE PLOMBIER. – Ben je s…

JOSY, *elle le coupe encore.* – Qui m'a prise pour une gourdasse, croyant que je n'allais pas entendre?

LE PLOMBIER. – Mais non mais…

Josy. – Qui se croit plus rusé et plus fin que les autres, en ayant profité largement de la situation ?

Le plombier. – Non mais dis, c'est bien toi qui m'a sauté dessus, quand même !

Josy. – Qui est un salaud ?

Yvonne . – Robert !

Josy. – Non, croyez-moi Yvonne, il y a bien pire ! Regardez ce beau spécimen !

Le plombier. – Tu as… tu as entendu ma conversation ?

Josy. – Oui môssieur !

Le plombier. – Toute… toute ma conversation ?

Josy. – Eh oui… T'es pas bien fûté, comme garçon ! Yvonne, notre cher ami vous a entendue téléphoner ce matin à la banque dans l'intention d'aller retirer la totalité du livret A en espèces. Il s'est empressé d'appeler un ami pour monter un sale coup : vous voler votre sac à la sortie de la banque.

Tous. – Oh !!

Josy. – De l'argent facile, une occasion rêvée, et inattendue… Une tentation à laquelle il n'a pas su résister… et en plus qui le plaçait en dehors de tout soupçon.

Le plombier. – Elle invente !

Josy. – Mais comme c'est un amateur, il a oublié de prendre quelques précautions, et il a demandé à son ami, par téléphone, de déposer la moitié de l'argent dans un endroit précis ! J'invente toujours ?

Le plombier. – De la pure fiction ! Vous n'allez quand même pas croire une énormité pareille ?

Josy. – Bien sûr que non, ils ne vont pas me croire… Sauf si… (*Elle sort un sac en plastique de son sac à main et le balance sur la table.*) Je leur ramène l'argent !!

Tous. – Oh !

Josy. – Enfin il n'y en a que la moitié, puisque c'est son complice qui a l'autre. Mais je pense que la police va le retrouver facilement. Du reste, je les ai invités à passer à la maison. Je suis allée leur expliquer l'histoire, et ils envoient 2 agents dans quelques minutes. Je crois qu'ils vont t'emmener au poste pour un petit interrogatoire…

Le plombier. – Mais comment tu peux me faire une chose pareille ? Alors… Nous deux ?...

Josy. – Une erreur, un moment d'égarement. Désolée.

Yvonne. – Ah parce que vous deux…

Robert. – Tu atterris, toi ! Moi y'a longtemps que j'avais compris !

Yvonne. – Oh ça va, toi, pas la peine de claironner, tu t'en sors bien ! Pour cette fois !

Entrée de Pierrot et Monique apportant des plateaux chargés.

Monique. – Bon, alors, on a loupé quelque chose ?

Claire. – Plutôt, oui ! On va vous raconter… en attendant l'arrivée de la police !

Pierrot. – Ils vont quand même pas emmener Robert juste parce qu'il a improvisé une mauvaise blague…

CLAIRE. – Non, pas lui, mais le plombier. Il a organisé, à distance, le vol du sac de maman.

MONIQUE. – Ooh !

CLAIRE. – Mais Josy a pu en retrouver la moitié, déjà.

PIERROT. – Ah ben tout va bien alors ! Tu sais je peux me contenter de la moitié, pour ton pari perdu !

MONIQUE. – Tu vas arrêter avec cette histoire ? De toute façon, tu ne l'as pas gagné, ton pari !!

PIERROT. – Ah si, il avait parié qu'Yvonne serait très inquiète, qu'elle téléphonerait partout, qu'elle serait dans tous ses états, mais moi, je l'ai vue plutôt épanouie !

MONIQUE. – Eh bien elle ne l'était pas. N'est-ce pas Yvonne ?

ROBERT. – T'étais inquiète ? Haha je le savais.

YVONNE. – Oui j'étais inquiète ! Là ! T'es content ? J'ai pas dormi de la nuit, j'ai eu peur, j'ai prié, j'ai angoissé comme une dingue, je me suis fait une bile pas possible ! Voilà, c'est ce que tu voulais !? Eh bien ça au moins, c'est gagné !!

PIERROT. – Oh ben non alors…

YVONNE. – Bon on change de sujet ! (*En regardant ce qu'il y a sur les plateaux.*) Tiens Pierrot, va voir, il y a aussi une boîte en plastique, dans le bas du frigo, il reste un truc dedans je crois.

Pierrot ressort côté cuisine.

ROBERT, *il jubile*. – Non non, on ne change pas de sujet ! Tu vois que je te connais trop ! Je m'en doutais ! Et si j'avais vraiment été mort, hein ?

Yvonne. – Ça tu peux me croire : tu te serais pris une de ces engueulades, tu ne l'aurais pas emporté au paradis !

Monique. – Remets donc les choses à leur place Robert. Et avoue que toi aussi tu étais retourné quand elle a disparu !

Robert. – Moi ? Non mais tu rigoles !

Claire. – Papa, avoue !

Robert, *embarrassé.* – Non non non…

Monique, *l'imitant.* – « Vous avez appelé la police ? Vous avez contacté les hôpitaux ? » Tu n'as pas dit ça peut-être ?

Robert. – Je me rappelle plus tellement.

Claire. – C'est si impossible à admettre, que tu aimes encore maman ? Hein ? Malgré vos habituelles disputes, vos éternels reproches à l'autre, vos critiques acérées, vos flèches aiguisées ! Mais au fond, tout au fond, derrière toutes ces broussailles et ces épines… Hein ? Qu'est-ce qu'on trouve ?

Entrée de Pierrot, triomphant, qui brandit gaiement le contenu de la boîte trouvée dans le frigo.

Pierrot. – 2 andouilles !

Robert. – Bon d'accord, d'accord, je me suis inquiété. Voilà !

Josy. – Eh bien voilà, c'est parfait ! On va pouvoir arroser ça ! (*Elle regarde par la fenêtre.*) Ah, Naurice, tu as de la visite ! Les policiers arrivent !

Claire. – Euh… tu l'as appelé comment ?

Josy. – Naurice… Oh non ! Ça reconnence ! Un nouveau traunatisne !

CLAIRE. – On dirait! C'est le « m » comme « Maurice », qui ne passe plus ?

JOSY. – C'est sûrenent ça ! Ah non… J'en ai narre !

CLAIRE, *regardant à son tour par la fenêtre.* – Eh bien moi j'ai l'impression que tu ne vas pas l'avoir longtemps, ton traumatisme, y'a un des 2 policiers qui est vraiment mignon !

JOSY. – Ah non non non, ça suffit conne ça…

CLAIRE. – Pourtant, quelque part, il porte aussi un bleu de travail, lui aussi !

JOSY, *réalisant qu'elle est conquise d'avance, se laisse tomber sur une chaise).* –Aaah !...

RIDEAU

AVIS IMPORTANT

Cette pièce de théâtre fait partie du répertoire de la Société des Auteurs et Compositeurs Dramatiques, 11 bis rue Ballu 75442 PARIS Cedex 09. Tél. : 01 40 23 44 44. Elle ne peut donc être jouée sans l'autorisation de cette société.

Nous conseillons d'en faire la demande avant de commencer les répétitions.

Imprimé à la demande par Books On Demand GmbH, Bad Hersfeld, Allemagne

3e trimestre 2015
1re édition, dépôt légal : juillet 2015
N° d'édition : 201552
ISBN : 978-2-37393-034-4